学林新语

XUELIN XINYU

周维强——著

浙江教育出版社·杭州

图书在版编目（CIP）数据

学林新语 / 周维强著. -- 杭州 : 浙江教育出版社, 2022.11
ISBN 978-7-5722-4658-6

Ⅰ. ①学… Ⅱ. ①周… Ⅲ. ①文化一名人一生平事迹一世界 Ⅳ. ①K815.4

中国版本图书馆CIP数据核字(2022)第205800号

责任编辑 彭 宁　　美术编辑 韩 波
责任印务 陆 江　　责任校对 石雨佳
封面设计 吴思璐

学林新语
XUELIN XINYU
周维强 著

出版发行 浙江教育出版社
(杭州市天目山路40号 电话:0571-85170300-80928)
图文制作 杭州兴邦电子印务有限公司
印　　刷 浙江新华印刷技术有限公司
开　　本 787mm × 1092mm 1/32
印　　张 7.625
字　　数 140 000
版　　次 2022年11月第1版
印　　次 2022年11月第1次印刷
标准书号 ISBN 978-7-5722-4658-6
定　　价 36.00元

如发现印、装质量问题，影响阅读，请与承印厂联系，电话：0571-85164359

序言

今天我们如何做文人

这本书写的是“读书人的事”。“读书人的事”，此言污名久矣。少时上语文课，读鲁迅，编排课本剧，最喜摇头晃脑学孔乙己：“窃书不能算偷……窃书！……读书人的事，能算偷么?”于是，“店内外充满了快活的空气”。

于是，供给“快活的空气”便仿佛成了读书人的“本分”。关于书、读书、知识、知识生产等行当的内在神圣感、敬畏感，消失了。从“天雨粟，鬼夜哭”开始的文字崇拜，一变而为文字调侃。文人群体至此三分：有的频繁走穴，频登高堂，成为明星；有的自诩清士，自娱自乐，成为学者；有的固守一亩，钻研极深，成为专家。至于其他，尚不入流者，譬如我，则不过吃文字饭、做教书匠而已。可是，哪个以知识生产为职业的人心中没有一点“文人梦”呢?

文人究竟应该是什么样的呢？师兄周维强的这册《学林新语》，是对心中有这一疑问的读者的“精准推送”——读文人者，多半心中有个“文人梦”，他们在前辈文人的掌故中，叩问、追慕、模仿、暗示，不断塑造着自己，也塑造着某种属于文人共同体的自我认知。这册《学林新语》写了中外百来位文人的数百条轶事，用巧妙的“用户画像”，勾勒出众多真正的“读书人的事”。从中，我试图寻找两个问题的答案：一是文人何以为文人，二是今天我们如何做文人。

值得提出的是，本书中的“文人”并不限于哲学社会科学工作者。编者的寓目和写作，“致广大而尽精微”，还从自然科学家中遴选了不少有文人气者，纳入观测范畴，使“文人”变得更加“人文”，也更加生动活泼少酸味。说到底，不论文人还是人文，都只是人之为人的那一点灵明不灭罢。

一、炫技：文人之所以为文人

在2019年奥斯卡最佳外语片的角逐中，惜败给《罗马》的德国电影《无主之作》里有两个男主的故事：一则是关于男青年库尔特·巴纳特的。东德统治者从纳粹变为苏联后，刷宣传标语成了街头常见的“艺术”。而在一堆制式化的“刷制”中，巴纳特坚持要用笔绘。别人问他为什么要这么费事，他说：“因为我会啊。”另一则是关于老男人卡尔·西班德的。这位曾经的纳粹党员、妇产科医生在被苏联军抓捕后，听到苏联上校妻子因难产而哀嚎，自告奋勇为其接生，竟换来了后半辈子的安稳与荣誉。后来，上校问他为什么要帮自己，他说：“因为我会啊。”

“我会啊”，三个字中蕴含着何等自负，怕也不是“一时技痒”所能形容的。文人之所以为文人，这种“炫技”姿态乃其根本。他们用大智慧或小聪明，为自己构建出一条与“常人”不同的分界线。这样的例证，散见在这册《学林新语》中，既可以见出前辈文人的心气与技艺，又不难看到作者的运思与孤诣。譬如书中所载史学家童书业的观点："史学家分作三等：以常见之史料得出不寻常之观点，才是第一流的；用不常见的史料得出不寻常结论者，是二流；搞小考证，便是三流。"这等心气，何止高远。作者旋即以"陈寅恪治史"来验证："陈寅恪治史，使用的都是常见书籍，而能探微发覆，迥异于他人。"接着，他又援引了黄永年对学生说的话来做证明："这就是一流史学家与普通学者的区别。"

这种文人心气，其实是维系整个文人群体的重要缘由。他们因此而彼此相赞，如严耕望说陈寅恪考证史事，是"以小见大"，但这种方法"要有天分与极深学力，不是一般人都能运用，而且容易出毛病"。黄永年说自己遇到写不好的字，就看看启功先生是怎么写的，又说："《启功丛稿》倒是真正的《广艺舟双楫》，看了以后可以眼高。"他们也因此而产生自许，对自我有更好的界定。如严耕望自述自己的工作方法是"聚小成大"，聚集许多似乎不相干的琐碎材料、琐小事例，加以整理、组织，使其系统化，讲出一个大问题、大结论。他说这种方法虽然"很笨拙，也吃力很多"，但却是"人人都可以做到"——当然，作者有其自觉，在写了严耕望这段话之后，马上又说明严也多次说到还是要"看人人所常看的书，说人人所未说的话"，"累积极平庸的材料，得出不平庸的结论"。

炫技是文人的根本。可是，人的精力有限，不可能做到精通百技，那么，到底应该是广博还是精专呢？这是一个千古难题。作者说，钱穆在哈佛燕京学社作“人与学”的演讲，就以欧阳修为例，说明中国学问主通不主专，故中国学术界贵通人，不贵专家。苟其专在一门上，则地位即次一等。作者在此巧妙地给出按语，说钱穆做这一演讲时，台下有当时在美讲学的“中研院”史语所所长李济——这位专攻考古的专家，对钱穆的讲座乃是白眼多青眼少。再如汤用彤“以一己之力而兼开（中国、印度、欧洲）三种不同系统的哲学史课程”，但他坚持认为应该“学习断代史”，“认为只有专门研究某一时期的哲学史，甚至某一位哲学家的思想，才能得到深入的成果”。其实，这一过程中不难看到学问的某种变迁：古之学科贯通，一事不知，学者之耻；今则愈加细微，跨界之思难寻。

对此，作者自有其思考。他用英国物理学家莫特举例，说他并不崇尚泛泛地博学多闻，而是一段时间内致力于解决他所感兴趣的具体科学问题。通过在不同时期关注并解决不同的问题，莫特积累了渊博的学问。还用苏联物理学家朗道的观点来做说明——朗道把物理学家按几何图形进行分类：“最好的呈三角形，基础好，研究中收缩领域，最后形成一个尖端；最要不得的是倒梯形，基础不宽，却各个领域都去做，结果上面大，下面基础不牢，没准哪天就翻了；还有一类是正方形，基础还行，在原来基础上的各个方面也都有发展，但是没有突出成果。”朗道把自己列为正方形。

可见，文人是复杂的。他们中间很难形成共识与对话，本来就是人文的常态。而至于坊间常论的“文人相轻”，多少也与这种“炫技”的文人的根本姿态有关。

二、复杂：文人之所以是文人

文人为什么会“相轻”？因为他们不一样。搜罗在《学林新语》中的诸多文字，无不显示出这一点。条条大路通罗马，人人皆可为尧舜。文人群体的传承与流芳极为复杂，学术著作的经典化也是一个很难找到规律的历史进程。

要人早写、多写的有，所谓“勤于练笔”。哈佛哲学博士瞿菊农，后来到北京师范大学做教授，人称“四十岁有四十本著作”。他常鼓励学生要早点动手写作，“在写作中进步，在成文过程中提高自己”。要人少写、迟写的也有，所谓“珍惜笔墨”。蒋礼鸿学问大，只写了一本《敦煌变文字义通释》。季羡林到他府上拜访，称赞这本书好。蒋说：“我只一本小书。”季羡林马上回答：“司马迁也一本书。”

有人做学问为经世济民。陈垣说：“从来敌人消灭一个民族，必从消灭它的民族历史文化着手。中华民族的历史文化不被消灭，也是抗敌根本措施之一。”也有人做学问只求好玩。法国汉学家伯希和学识渊博，但从未想要写一部综合性的专著，兴趣只在解决文献中的难点。学生不解，他愉快地说："这让我高兴。"中国蒙元史学家陈得芝教授说，这个回答大概就是先贤所说的"为己之学"。

也有人试图将二者结合起来。比如美国经济学家凡勃伦称，研究的动机乃是"无所事事的好奇心"。而同为美国经济学家的鲍莫尔以为此说甚有理，但还是补充道：不过，在一定程度上减少我们的愚昧无知，毕竟是学者的主要任务。日本汉学家大岛正二说："我们研究者是靠国民的税金做研究的，将来我们一定要努力将研究成果回馈社会。"正因为此，他在晚年与几种癌症拉锯战的时光里，写出的著作几乎都是普及性读物，实践了他要将学术回馈社会的诺言。

治学风格上，恬淡是一派。钱穆在北大授中国通史课程，"每一个讲题，无不是在古柏参天的故宫太庙的藤椅茶座上冥思默运地推断出来的"。而沈从文20世纪30年代在北平写《边城》，"院落里有槐树，有枣树，每天朝阳初上，他坐在小桌椅上据着红木小方桌静静地写，每星期只写一章"。苦读也是一派。刘文典校勘《淮南子》，找朋友帮忙，住进白云观，翻看那里珍藏明正统年间刊印的《道藏》。"足不出户，常是茶饭不思，寝食难安，以致患上极为严重的神经衰弱症，后养息调理了半年，方渐渐好转。"我这几年读书时，也偶会为漆园老人《体用论》的自序吓出一身汗，他说："读书与用思，久坐不起以为常，夜少睡眠，遂至神经衰弱过度，遗精病甚厉。"

有人治学靠的是天赋。如王力写文稿时，“客人来了就到客厅接待，客人一走立刻坐回到书桌前继续写，思维竟没有中断”。更让人惊讶的是梁启超。姜亮夫记述，他去梁启超家侍奉老师写对联，第一副“海燕飞来窥画栋，落荷相依满横塘”还未动笔，梁吩咐助手做某件事情，后面又吩咐儿子和家人做各种杂事，其间手中笔未停，边说边写。姜亮夫心慌，怕老师写错，结果一字未错。

有人治学靠的是要脸。外交官乔治·凯南离开美国国务院后，就职于普林斯顿高等研究院，不少同事都认为他“缺乏学术资质”。但短短几年后，他的著作《俄国退出战争》拿遍了美国各大图书奖，本人还获得了牛津大学伊斯特曼荣誉教职。退休后，他说，之所以要在自己的文章汇总“堆砌那些‘令人震惊的细节’”，主要是“为了防止研究院的同事批评他肤浅”。日本著名学者林达夫，在晚年卧病的六七年间，几乎被书山围困，自述目的也是“为了储备与青年学者见面时的谈资”。

可见，文人是复杂的。何以复杂？因为人本身就是复杂的。要紧的是包容。康奈尔大学伯尔先生曾对胡适说：“我年纪越大，越觉得容忍比自由还重要。”十多年后，20世纪50年代末，胡适回想起伯尔的话，说自己也有了“觉得容忍比自由还重要”的感想，而且还以为“容忍就是自由：没有容忍，就没有自由”。我的师祖黄药眠先生，在1956年以“美是评价”说开启了第一次美学大讨论，批评了朱光潜，也不同意蔡仪，对李泽厚的看法也持保留意见。但是，在1957年3—5月间，他把朱、蔡、李等先生一一请到北师大中文系，请他们阐述各自观点，自己则坐在教室里含笑而听。这不只是胸襟，而是文人应有的生态及学问本身。

三、传承：文人之所以成文人

没有包容，只有学阀，就没有文人群体，甚至文人群体也会被异化。1978年重阳节前，陈贻焮拿出自己的诗作，请夏承焘指教。夏幽默地说，陈先生，您的诗不能再写了。因为“我的词写得太好了”，所以当年在杭大万人大会上挨批斗了。我在杭大老校区任教过几年，对那里极为熟悉且敬重。后来，我随学院迁往紫金港校区，对那里也立刻产生了认同。旧有旧的典雅庄正，新有新的活跃开明。文人群体由古至今，代有更迭，却边界不散，核心不变，说明形式不重要，重要的是传承那种欣赏的眼光。

熊彼特28岁写出的《经济发展理论》中就认定企业家精神在现实世界里的关键作用——“对创造性活动的热爱，对标新立异的热爱，对战胜他人的热爱，对你争我斗游戏的热爱”。而他在维也纳大学读书时的老师庞巴维克，这位做过奥地利三届财政部部长的经济学家，尝对孜孜不倦、颇具反抗精神的熊彼特说：科学进步并不必然通过全新的视角，而是通过“老教授们的相继辞世”来实现的。

“老教授们的相继辞世”，说的就是传承。一方面，学问、学派、立场需要有传承，使之能够不断适应人类社会与个体生存的精神需求；另一方面，从已知开未知，从比较中探求适应社会、适应自我的认知结构、价值系统、话语体系，也需要传承。文人往往好为师，可是，怎么当老师却未必都明了。陈垣先生说：“我讲课是陪读，陪你们学生共同学习知识，一道探讨学问。”陪的目的是引导。在1940年1月7日的家书中，陈垣说：“论文之难，在最好因人所已知，告其所未知。若人人皆知，则无须再说；若人人不知，则又太偏僻太专门，人看之无味也。前者之失在显，后者之失在隐，必须隐而显或显而隐乃成佳作。”

胡适、钱穆同在北大教书，两人观点时有不同。钱穆对学生说，他和胡适两人讲堂所言正相反，这正可见学问之需要，“汝正当从此等处自有悟入。若他人尽可告汝一是，则又何待汝多学多问”。钱玄同30岁的时候，在日记（1917年1月20日）里写道，域外智识愈丰富者，其对于本国学问之观察亦愈见精美。欲倡明本国学术，当从积极着想，不当从消极着想。旁搜博采域外之智识，与本国学术相发明，此所谓积极着想也，抱残守缺，深闭固拒，此所谓消极着想也。当代的学问正是如此，要从异处着眼，强调传承之中的创新。那种欣赏的眼光，不只用来看待学问，也应用来看人、看学派、看氛围。

考古学家苏秉琦以至交傅吾康为例，教育孩子说："傅吾康的学派，仅仅是德国的三大汉学派之一。激烈的争论不伤害学术研究，还有促进作用，也更少人身攻击。我国距离这个境界，尤其是后者，还真有不少的距离。"这番话，不知要让人振聋发聩到几时。其实，古人早就说过民胞物与，"仁者浑然与物同体"。这个悬得太高，其实，文人要做的起点不过是把相异视为新的生发可能，进而珍视不同的声音，视他者如亲人，化异己为知己。所有这一切都离不开"欣赏的眼光"，而非"挑剔的眼光"。毕竟，人和人是不一样的。书中指出，以赛亚·柏林经常出入社交宴会，频繁的社交是他萌生新想法的场合；而法国小说家普鲁斯特一夜之间摈弃与巴黎上流社会的交往，息影书房，紧闭门窗写作，由是，一部不朽的小说《追忆逝水年华》才能得以诞生。古希腊大哲学家苏格拉底惯常在雪地里沉思；而法国17世纪大哲人笛卡尔却极畏寒，只有当他身体暖和时头脑才管用，才能写出"我思故我在"这样的名句。

在平淡、乏味的年代，"炫技"退步为"抖机灵"，在坊间、报端随处可见。可是，我们并非不知真正的、理想的文人群体应该是什么样的。全面虚拟化的元宇宙尚未到来（我认为也不可能到来），我辈去古不远，前贤的掌故仍然流于酒席闲话之间，其巍巍煌煌，其影影绰绰，还是"千古文人侠客梦"的主要内容。《学林新语》正为我们勾画出"抖机灵"

之外的另一种文人生存方式，启发着我们反复思考“今天我们如何做文人”这一话题。或许，有人不屑于做文人，觉得做专家或做学者比做文人更重要。殊不知，在文人群体中，“才子气”远比“专业化”更接近于人本身。前者要超越“抖机灵”，而后者只是工具。不要甘于只是做工具。

文人写书法，为他人题鉴题匾，落款处时有“敬书”一语。启功先生尤甚，为小学题写校名都落“敬书”二字。我是小辈，为师兄大作写序，极为不恭，拖延再三，左右为难。一时，抖个机灵，勉称此序为“敬序”，或可免去不敬之讥。这“敬”之“敬”，不只是敬重师兄多识多闻，更是敬重他苦心搜索，经年积累，著此一册，以启后人，还是对这册书中所涉的各位前贤表示敬意。

此序写于我的人生多事之秋，一再跌宕，耽误了师兄大作的出版，深感歉意。不过，正是在人生的多事之秋，能为这样一部描绘学统、激励学人、活跃学林的著作写上几句不成体统的话，实在堪称幸事。至于如何羞愧难当地面对师兄，我只能用从胡适先生那里学来的话作为搪塞：“我年纪越大，越觉得容忍比自由还重要。”同时，自勉“每临大事有静气，不信今时无古贤”。是为敬序。

林玮

2022年11月18日

目　录

卷一

学问·著述　2

卷二

师友·交游　52

卷三

言语·趣味　89

卷四

风度·人生　132

卷五

学政·世事　176

附录

《学林新语》主要引用书目　203

后　记　223

学林新语

历史的大河波澜壮阔。大河里的小细节小故事，也未尝不可供人沉潜含玩。这一册《学林新语》，权当我们冬日暖阳之下、秋高月明之夜的闲聊天罢。

卷一 学问·著述

19世纪70年代，严复由清廷出资送英国入格林威治皇家海军学院学习。回国后，因为严复不是科甲出身，所陈大计多不见重于时，于是发愤研究中国经史子集，兼习制艺时文，并及书法，冀博一第，以与当道相周旋。严复既对于西方科学与政术的精义有透彻的了解，又博通中国旧学，故严译西方经典，融贯中西，典雅信达，允为上乘，泽被当世。

近世科学家李善兰，虽不懂外文，但科学素养深厚，英国汉学家伟烈亚力说他和李善兰合译《几何原本》，赞叹李善兰“精于算学，于几何之术，心领神会，能言其故”，所以李善兰翻译西方数理和生物科学著作高出同侪甚多。代数学、系数、根、方、方程式、函数、微分、积分、几何学、横轴、纵轴、无穷、极大、极小、植物学、细胞等概念、名词、符号，一经李善兰创设，沿用至今，成为科学的通用汉语词汇。

文廷式是戊戌政变前活跃于中国政治舞台的有名人物，思想开明，学养深厚，他的《闻尘偶记》开篇即说：“闻事不记，释家之智；闻事辄录，史家之学。”慨意很深。

章太炎不相信甲骨文，还说罗振玉“非贞信之人”。据说在他过生日这天，弟子黄季刚送了一份礼物，是用红纸包扎着的长方形东西，好像一盒点心。过后太炎先生打开来看，原来是一部罗振玉写的四卷本《殷虚书契前编》，这部著作由2229幅甲骨拓片组成。不过太炎先生没有掷掉这部书，而是放置在自己的床头枕边。这说明太炎先生是有可能读了这些曾被他认为是假文字的甲骨文的。

汤炳正曾听章太炎先生晚年说过这样的话："大国手门下，只能出二国手；而二国手门下，却能出大国手。"太炎先生又向汤解释道："大国手门生，往往恪遵师意，不敢独立思考，学术怎会发展；二国手的门生，在老师的基础上，不断前进，故往往青出于蓝，后来居上。所以一代大师顾炎武的门下，高者也不过潘次耕之辈，而江永的门下，竟能出现一代大师戴震。"

历史学家吕思勉曾经说，苏杭一带的读书人家，本有一教子弟读书之法，系于其初能读书时，使其阅《四库全书总目提要》一过，知天下（当时之所谓天下）共有学问若干种，每种的源流派别如何，重要的书共有几部，实不啻于读书之前，使其泛览一部学术史，于治学颇有裨益。

钱玄同1917年1月20日的日记里写道："大凡学术之事，非知识极丰富，立论必多拘墟，前此闭关时代，苦于无域外事可参照，识见拘墟，原非得已。今幸五洲交通，学子正宜多求域外智识，以与本国参照。域外智识愈丰富者，其对于本国学问之观察亦愈见精美。……欲倡明本国学术，当从积极着想，不当从消极着想。旁搜博采域外之智识，与本国学术相发明，此所谓积极着想也；抱残守缺，深闭固拒，此所谓消极着想也。”时钱玄同30岁。

北京琉璃厂厂甸，每年阴历过年有半个月书市，都是摆着旧书摊，钱玄同常去，被戏称“厂甸巡阅使”。

钱玄同是北师大教授，又在北大、清华、燕京及孔德学校兼课。他在孔德学校有两间宿舍，房门外有一棵大槐树，宿舍内除一张单人床、一张三屉桌和座椅外，都放着书架和书籍，其间只留着能过一人进出的通道。

伦明藏书甚富，胸怀大志，毕生精力要续修《四库全书》，故其名藏书之所曰“续书楼”。

20世纪20年代初，北京高等师范学校数理部的青年教师傅种孙就把罗素的数理逻辑名著《算理哲学》翻译到国内。中国现代学术界因此称傅先生是“第一位把数理逻辑介绍到中国的人”。

1922年冬，胡适和一位日本学者谈话时说：“南方史学勤苦而太信古，北方史学能疑古而学问太简陋。将来中国的新史学须有北方的疑古精神，和南方的勤苦工夫。”

夏丏尊在浙江省立第一师范学校（今杭州高级中学）教

国文，要求学生写自己亲身经历的事，“不准讲空话，要老实写”。有一回，他布置学生写作文，某生写父亲客死他乡，文中说自己“星夜匍匐奔丧”。夏丏尊看后就去问他：“你那天晚上真个是在地上爬去的？”一句话问得该生惭愧得满脸通红。又有一生，在文章中颇有一些消极和牢骚，说是要“乐琴书以消忧，抚孤松而盘桓”。夏丏尊读后又厉声问道：“你为什么来考师范学校？”夏丏尊就是这样一个力戒矫揉造作而提倡朴实文风的国文教师。

胡小石1920年起先后在北京女子师范大学、金陵大学、东南大学讲授中国文学史。为防讲义被人窃取，胡小石仓促修改学生课堂笔记，题名《中国文学史讲稿上编》，1928年出版。

朱起凤年轻时误改学生课卷用的“首施两端”的“施”字为“鼠”字，不记得《汉书》里有用“首施”的，遇到学生们“贻书谩骂”。朱起凤转而立下撰写一部大辞书《辞通》的宏愿。

蒋彝在北伐前从东南大学毕业，30岁不到，就做了两任县长。当时年轻，不知怎么得罪了一位省主席。这位省主席正在炙手可热的时候，得罪了他，官也就做到头了。恰巧蒋彝的中学同学罗长海当时已住伦敦数年，写信力劝蒋彝赴英。蒋彝便办妥一切手续，大着胆子漂洋过海去谋生。他的东南大学的化学学位不足以帮助他到英国的工业单位去服务，他的英文程度也很平常，讲话讷讷不出诸口，看一份《泰晤士报》要花上好几天工夫。但蒋彝发奋用功，前后不过几年时间居然可以写英文书出版了。

陆志韦做燕京大学校长，家里小厅地上铺一块地毯，毯上放着书册。陆先生治古音韵，必须同时摊开众多书，同时对看、互看、合看，据说找不到这么大的书桌，只好把书摊在地上，每本书都掀到需要的那一页，然后把它们围成一个大圈儿——陆先生就在“圈”中爬来爬去，左顾一本，右盼一处……

张星烺撰著《中西交通史料汇编》（原名《中西交通征信录》），自二十五六岁时起搜罗中外材料，历十四五年方告成功，而年已四十。1926年6月9日，张星烺在写给陈垣的信里说：“昔崔述谓人惟胸有所见，茹之而不能茹，故不得已假纸笔以抒之，犹蚕食叶，既老，丝在腹中，欲不吐之而不能耳。名不名利不利，诚非吾辈著述者所欲计者也。”全书完成，张星烺又做文字上的修饰。1930年5月，《中西交通史料汇编》经陈垣介绍，以“辅仁大学丛书第一种”刊行。陈垣为之题词云：“不通西文者，既不能引西以证中；而不通中文者，又不能引中以证西，均为遗憾。张君合一炉而冶之，故能成其大。”

陈垣1940年1月7日在家书里说写论文事："论文之难，在最好因人所已知，告其所未知。若人人皆知，则无须再说；若人人不知，则又太偏僻太专门，人看之无味也。前者之失在显，后者之失在隐，必须隐而显或显而隐乃成佳作。"

陈垣治史，素来主张"凡问题足以伤民族之感情者，不研究不为陋。……古人谓食肉不食马肝，未为不知味，亦是此意"。

陈垣著《中西回史日历》，费时五六年始成。1927年1月1日，陈垣致叶恭绰信里说："每发明一表格，必病胃数日，如是者三。今虽告成，而发亦渐白矣。"

陈垣著书，字斟句酌。1945年7月，陈垣撰成《通鉴胡注表微》，书名也是反复推敲，初作"通鉴胡注述义"，"述义"又先后改为"奥论""探微"，最后才定名"表微"。

国学家钱基博年轻时曾从军，做过中校参谋。有感于当时军官之不学无术，钱基博翻译了日本参谋部颁布的"参谋须知"，并融会中国兵家理论，1912年冬写成《参谋论》，发表于上海的《民立报》。抗战中，钱基博曾与李默庵、王耀武、戴安澜等国民党高级将领交往频繁，分析战情，制订战术，多所建言。又多次讲授《孙子兵法》。1938年起，先是在蓝田国立师范学院开设"孙子"课，自编讲义《孙子章句训义》。1939年，应国民党军事当局邀请，在陈诚主持的南岳干部训练班上讲授《孙子兵法》，和他先后开讲的还有叶剑英的“游击战术”。1945年1月，钱基博为湘中前线战士讲授《孙子兵法》，在此前国立师院“孙子”课程基础上，钱基博又汇入当时最新抗战情况，增订新战史例，写成讲义《孙子今说》，1947年作为《孙子章句训义》的附录，交由商务印书馆正式出版。钱基博讲兵书，会通中国孙子和德国克劳塞维茨，“知新以温古”。钱基博自谓：“余少喜论兵，五经四子书毕，能烂诵孙武书十三篇，而贯串诸史，出以己所独见。又读陈亮《酌古论》而善之，每学所为，下笔缅缅不能以自休，于山川形势险要，古今用兵战守攻取成败得失之迹，皆有折衷。”

商承祚中年以后于古文字学的著述，给自己定下了“四不”原则：不识之字不妄释，不明之义不妄言，不轻言音韵，不为天下先。

钱穆曾在北大独力讲授中国通史课程，丝丝入扣，如数家珍，引人入胜。据说钱穆的每一个讲题，无不是在古柏参天的故宫太庙的藤椅茶座上冥思默运地推断出来的。钱穆斟酌再三，事先拟订，事后修改，涵蕴着一位真正的史学家对于自己民族国家的终极关怀。日后他撰写《国史大纲》，即肇端于此。

胡适、钱穆同在北大教书，两人的讲学论说有很不相同的地方。钱穆对学生说：他和胡适两人讲堂所言正相反，这正可见学问之需要，“汝正当从此等处自有悟入。若他人尽可告汝一是，则又何待汝多学多问”。

范文澜晚年把主要精力花在了写《中国通史》上，他年轻时则是治经史子集之学，经部著有《群经概论》，史部著有《正史考略》，子部著有《诸子略义》，集部著有那部最著名的《文心雕龙注》。经史子集四部之学，范文澜都有研习并有著述。

范文澜年轻时在北京，没有参加五四运动，也瞧不起五四运动中的某些人，认为这些人“浮躁”。范文澜那时也不赞成白话文，认为白话文能表达的，文言文都能表达，没有必要换一种文体。据说后来他觉得马克思著作里的“全世界无产者联合起来”这句话，文言文没有办法表达，于是才认为需要白话文。这事是卞孝萱先生口述史里讲出来的。

陶希圣的文章在1928年引发了中国社会性质论战和中国社会史论战，主阵地在上海，京城文学和史学名家不愿出口甚至不愿入耳这类问题。黄现璠回忆他当时在北师大史学系读书，他的老师王桐龄先生对社会史论战有过一段概括，大意谓：“这些所谓社会史研究者，缺乏基本的史学素养，完全无视史料的严肃性，革命口号喊得震耳欲聋，而其理论空泛甚是触目惊心。他们只能算是革命宣传家，不能说是真正的史学者。”时任教燕京大学的邓之诚先生直到50年代还在给黄现璠的一封信里将这些问题或这类争论视为“不讲学理”。

陈垣认为钱大昕《廿四史考异》最精，王鸣盛《十七史商榷》次之，赵翼《廿四史札记》错误最多，故而他在史源学实习课中以赵翼《廿四史札记》为底本，以训练学生考证其错误之处的能力。陈垣通常在课堂上不公开批评同时代的其他学者，但私底下会对一些师生关系较好的学生直言不讳。比如他曾对学生说过对梁启超先生史论史著的不满之处，认为梁启超先生自恃才气，侧重史论义理，缺乏史事考证，其史著难免错误不少。关于著述，陈垣亦尝言“著述提笔三行无错方为善果”。陈垣常说：“我讲课是陪读，陪你们学生共同学习知识，一道探讨学问。”

抗战时期，辅仁大学留在沦陷区的北平，学校经费不足，《辅仁学志》将要停刊。陈垣等相约在《辅仁学志》上发表文章不收稿费。陈垣说：“从来敌人消灭一个民族，必从消灭它的民族历史文化着手。中华民族的历史文化不被消灭，也是抗敌根本措施之一。”

汤用彤精研佛教史，尝说“通佛法有二难，一名相辨析难，二微义证解难”。汤先生劝熊十力说：“佛学无门径书，不可无作。”熊十力遂写作《佛家名相通释》，1937年出版。

童书业把史学家分作三等：以常见之史料得出不寻常之观点，才是第一流的；用不常见的史料得出不寻常结论者，是二流；搞小考证，便是三流。

陈寅恪治史，使用的都是常见书籍，而能探微发覆，迥异于他人。黄永年对学生说："这就是一流史学家与普通学者的区别。"

严耕望说陈寅恪考证史事能"以小见大"，但这种方法"要有天分与极深学力，不是一般人都能运用，而且容易出毛病"。严又说自己的工作方法是"聚小为大"，聚集许多似乎不相干的琐碎材料、琐小事例，加以整理、组织，使其系统化，讲出一个大问题、大结论。严说自己的这种方法虽然"很笨拙，也吃力很多"，但却是"人人都可以做到"。

《唐代交通图考》是严耕望精心撰写的历史学巨著，但严平素自度英文、日文不能达到看书的水准，对于国际学术行情所知甚少，常恐闭门造车。杨联陞对这部著作已出各卷大为赞赏，称之为"体大思精多创获""管领方舆数百年"。以杨联陞对于国际学术行情之了解，而对《唐代交通图考》作如此高的评价，这给严以极大鼓励，严"勇气与自信大增"。

严耕望认为谭其骧主编的《中国历史地图集》"足够教学及平常参考之用，但就学术上来说，还嫌不够"。严耕望治史的标准极高，"不做则已，做了就一定要做做好"。他对于中国历史地图的编制，以为"每张人文图都必须是一篇论文的总结，不是随便引他人资料就可以绘制"。

北师大中文系教授刘盼遂有一部宋版的《十三经注疏》，是无价之宝。刘先生家住西单，常去附近的琉璃厂访古书。有一天，他和北京图书馆一位奉单位之命到琉璃厂访书的老先生同时在一家书店看到这部宋版《十三经注疏》。两位老先生都要这一部书，书店老板就很难办了，说你们谁先把钱送到这儿，谁先拿走。刘盼遂家离得近，他很快到银行取出五六百块钱，于是刘先生就比北图的老先生先到书店，买下了这部书。一说是刘盼遂在琉璃厂散步，在书店看到这部书，但书店说只能卖给公家单位，盼遂先生以要做“十三经”版本源流考为由提出购买，店家则索要证明，盼遂先生专门回到北师大中文系开具证明方才购得。这是童庆炳先生口述自传里说的。

周珏良研究英美文学，但字也非常好，临智永《千字文》，深受唐人写经影响。其兄周一良20世纪60年代在中华书局印行的《魏晋南北朝史论集》即由珏良题签。珏良去世，周一良作挽联，有“诗精中外，书追晋唐”之语。

邓广铭治学虚怀若谷，《稼轩词编年笺注》增补稿交上海古籍出版社，编辑陈振鹏花费数年心血编辑这部著作，提出意见以百计。邓广铭在这部书的题记里写道：“陈先生对于这本《稼轩词编年笺注》的审查工作，严肃认真，一丝不苟。他签贴了数以百计的意见，将全稿寄回，要我参照修改。我翻读之后，觉得他的意见无不确切谛当；他对于原笺原注中的错误，都能指点得切中要害；他所建议添换的新的笺注，也都使本书在质量上得到很大的提高。”

中华书局曾经重印《资治通鉴》，12位历史学家标点，有顾颉刚、聂崇岐等第一流学者，但这部标点本也有些问题。吕叔湘先生“十年动乱”中靠边站了，细读《资治通鉴》作为消遣，挑出了一两千处标点错误，后来中华书局基本上照改了。

严耕望对于通史和考证之著之分别，有透辟识见。尝谓钱穆著作《国史大纲》，以通识擅胜，与考证之作大异。“考证之作，重在实证，必须一字一句明其来历。通识之作，重在综合，重视章节布局，提出整体意见。固然也要以考证功夫为基础，但不能要求其叙事论说之尽合乎考证标准。有些大问题，只能凭作者的才智与深厚学力，提出简要的慧解，很难在有限篇幅中原原本本加以证明；只有让看书多、程度深的读者，循此慧解得线索，自己体会，获得了解。”所以严建议钱穆修改《国史大纲》时，“与其再逐句寻出处，费大事而就小功，不如在大处加工，完成一部通体融会的通史读本”。

严耕望自谓平生最为推崇之师友为钱穆、吕思勉、余英时及“史学二陈”——陈垣及陈寅恪。又说，治史者的生活宜朴素、规律，尽量减少不必要之应酬。在课上讲学时，严屡言治史者应做到“读人人能读之书，讲人人不能讲的谈话”方为上乘。后来严耕望又在自己的著作《治史经验谈》手头自用本卷末作跋语一条，其中“极高明，而道中庸”这一条里说：“此分两方面着眼：第一，看人人所常看的书，说人人所未说的话；第二，累积极平庸的材料，得出不平庸的结论。”

历史学家童书业评论当世史学家所作历史研究文字，说能够经得起复案的只有顾颉刚、吕思勉、陈寅恪、杨宽、张政烺五人。童书业又说：“吕先生有时只凭记忆，因以致误；陈先生集材，大抵只凭主要部分而忽其余，如正史中，只从志中搜集制度材料，而忘记列传中尚有许多零星材料；顾先生亦然，不能将细微资料搜罗净尽，以是结论有不正确者；杨宽所作，巨细无遗矣，而结论却下得粗；其无病者，仅张政烺一人而已。”

史学家黄永年写教材亦必自抒己见，自出心裁，说这样写来“才心情酣畅”，“否则会有借米下锅，如牛负重之苦”。

黄永年上课，预先编写讲义，比较成熟的都油印发给学生，课堂上主要讲自己的研究心得。黄先生说：“如果上课都按统一的教学大纲、统一的教材，学术统一于一尊，学术就完了。”黄先生当年的这些讲义目录学、版本学、碑刻学，外加为图书馆馆员所讲的文史工具书简介，后合编为《古文献学四讲》印行。

黄永年以治唐史著名，但对先秦史亦烂熟于胸。据说一部《左传》熟悉到大体可以背诵的程度，但黄没有写过这方面的专门的文章，盖黄之岳父童书业专长先秦史，黄不愿别人误以为他是在承袭着岳父的荫庇。

黄永年说陈垣的《元西域人华化考》是“成名作，也是一部名作，无论搞不搞元史，都要读一过”。又说梁启超的《清代学者整理旧学之总成绩》、陈垣的《中国佛教史籍概论》对他有“极大的吸引力”，这不仅由于他们学问精深渊博，更重要的是他们写这些书时“态度诚恳，不敷衍，不打官腔，处处为读者着想，对读者讲老实话”。并说自己写《唐史史料学》，在不说假话、不打官腔、以诚待人、把自己个人心得公之于众这些方面，也是力求向前辈学者看齐。

罗继祖尝谓通俗不易。罗在中华书局校点《宋史》，公余效法历史小丛书的写法，写了一本通俗小册子《杨业》，然后请同人王永兴阅，王阅毕未置可否。罗问王够通俗否？王面露难色，默然不语。

吕宗力20世纪70年代在上海书店随嘉业堂周子美学版刻鉴别。吕回忆说，周先生首先让他入库房仔细观摩宋版书纸张的质地，又叫他反复嗅宋版书的墨香。原来讲究的宋版书不仅纸质坚韧，而且印刷时使用的墨中含有名贵的香料，所以历千百年而不坏。可见版刻鉴别之难，不接触原物很难学得。黄永年酷好藏书，说曾经眼南京图书馆所藏宋版书，也说到宋版书鉴别之难，如《杭州大学善本书目》卷首图录第一页所谓宋本竟然是清代的通志堂本。

陈寅恪以治唐史被称为史学大师，但他认为中国文化的成熟期和菁华所在是天水一朝（即赵宋一朝）。陈寅恪尝言：欧阳修“贬斥势利，尊崇气节，遂一匡五代之浇漓，返之淳正。故天水一朝之文化，竟为我民族遗留之瑰宝”。陈寅恪又尝说：“华夏民族之文化，历数千载之演进，而造极于赵宋之世。后渐衰微，终必复振。”

历史地理学家史念海先生发扬清人经世致用学风，倡导实地考察与文献相结合的研究方法。20世纪70年代，史先生主持“陕西军事地理”研究，走遍三秦大地。史先生说：搞历史地理要坚持实地调查，不搞实地调查，自己都不敢写文章。杨守敬《历代舆地沿革图》有很多错，就是因为他当时不可能骑着小毛驴到陕北来。

1956年，南京师范学院举办文科科研讨论会，有篇探讨最早见于《玉台新咏》的《古诗为焦仲卿妻作》的文章，作者上台报告，通过对该篇几个语词的考辨，认定作品时代不可能早于六朝。南京大学胡小石教授在座。胡先生年老耳背，话没听清，经身边助手相告，缓缓站了起来，斩钉截铁两个字："不对！"当场朗朗背诵了几篇西汉碑文片段，文章所考几个语词赫然在焉。而后，胡啥话没说，就坐了回去。无须讨论，这篇论文就被否定了。夏承焘先生说治学，也嘱学生慎写文章，"说有容易说无难"。

钟开莱才华横溢而桀骜不驯。他在清华最开始读的是物理学系，因为逃课得罪吴有训先生，转到数学系。到数学系又觉得华罗庚太啰唆，到普林斯顿大学之后专攻数学中研究者最少的概率论。概率和统计不分家，而钟开莱偏偏又公然宣布自己"最讨厌统计学家"。结果他在一个鲜有人探索的领域开出新天地，成了美国概率学界第一人。

钱学森在加州理工学院读博士学位，有一次，一些美国学生嘲笑中国是一个又穷又愚昧的国家。据说，钱学森对他们说："对于中国的贫穷我无能为力，但让我们来较量较量。我代表中国，你代表美国，到学期结束的时候，看看谁的成绩最好。"钱学森最终赢得了这场比赛。

钱学森非常刻苦用功。一位在加州理工学院就读的研究生后来回忆道，一天清晨，那天是假期，他去办公室加班赶功课，他以为整栋大楼——古根海姆大楼——只有他一个人。于是他就把录音机的声音开得非常大。他记得那时放的曲目是《时光之舞》，里面有一段节奏非常强劲。在这段音乐进行到一半时，他听到巨大的敲墙声。原来他打搅到了钱学森，钱学森也在这个假期用功。这位研究生这才知道，中国学生比犹太学生更刻苦用功。这之后，钱学森送给他几份钱本人写的关于亚音速下压缩校正公式的最新论文，作为在他欣赏音乐时向他大吼大叫的道歉。

萧公权20世纪三四十年代著《中国政治思想史》，书中对康有为下判断云："康氏以立宪为保皇之手段，故其所号召者为假民权。托孔子以为变法之口实，故其所号召者为假维新。"其时，萧仅读过康氏著作一小半。后多看康之著作，细研康之思想，萧修改对康的认识："康氏以保皇为立宪之手段，其所号召者为渐进之真民主。谓孔子为改制之圣人，其所企求者实为制度与思想之一体维新。"

甲骨"四堂"，各有所长。史学家许倬云说："罗雪堂（振玉），收集东西，认若干字；王观堂（国维），一点小线索能写一大篇文章来；郭鼎堂（沫若），在日本拿马克思主义来套出一个架构；董彦堂（作宾），真正掌握实际发掘出来的东西，从中理出一个线索，可以驾驭这批材料，以重建古史。"

叶公超治英国文学。他年轻时留学英伦，和T.S.艾略特有直接的交识，后来回国任教。30年代末赵萝蕤翻译艾略特长诗《荒原》，赵萝蕤对诗中僻典的解译受清华教授温德的指导，而对于诗作及其作者的理解，则是得自叶公超先生的讲解。叶先生治英国文学，并没有严格遵守古典主义路线讲授，而是时时关心中国新诗的探索。所以有人说叶先生太过于注重趣味。鲲西后来在文章里辩护说：纯正的趣味是一种难得的天赋。由于有了这种天赋，他才把他的影响超出于校园之外。

语言学家王力写文稿和讲义常用毛笔小楷，很少涂改。客人来了就到客厅接待，客人一走立刻坐回到书桌前继续写，思维竟没有中断。

王力书斋名龙虫并雕斋，“雕龙”取义做高深的学问，“雕虫”意谓兼做学术普及工作。

刘文典做学问刨根问底。校勘《淮南子》，需查阅《道藏》典籍，他闻说北京白云观珍藏明正统年间刊印《道藏》一部，于是请朋友帮忙，住进白云观，翻看此典籍。他在白云观，平日足不出户，常是茶饭不思，寝食难安，以致患上极为严重的神经衰弱症，后养息调理了半年，方渐渐好转。

沈从文说他20世纪30年代在北平写小说《边城》，院落里有槐树，有枣树，每天朝阳初上，他坐在小桌椅上据着红木小方桌静静地写，每星期只写一章。董桥叹曰：“情致那样闲淡，难怪沈先生真是连写字都不屑‘向世味上浓一番’了。”

抗战时，老舍在大后方重庆写作长篇小说《四世同堂》。当时的重庆生活困难，连写字用的稿纸也没有，老舍就在记账用的草纸上写出了这部传世名作。

汤用彤讲过印度哲学史、魏晋玄学、大陆理性主义、英国经验主义等课程，以一人之力而兼开三种不同系统的哲学史课程。汤先生不主张只学习研究哲学通史，而是提倡学断代史，认为只有专门研究某一时期的哲学史，甚至某一位哲学家的思想，才能得到深入的成果。汤先生本人的哲学史研究也主要集中在魏晋玄学和隋唐佛学两段，卓而有成。

孙楷第在北师大国文系打下了坚实的训诂校勘之学的根基。后来比孙低一年级的王重民到法国见到敦煌唐抄本《刘子新论》，曾把孙楷第的校勘本与之相校，发现与唐抄本完全相合。

1935年在一次谈话中，熊十力对张岱年说："冯芝生说我的《新唯识论》无所谓，我的书怎么是无所谓呢？"过了一段时间，张岱年见到冯友兰，就问冯："您为什么说熊先生的《新唯识论》是无所谓呢？"冯说："假如《新唯识论》在辛亥革命前后发表，那真是一部了不得的著作，但是现在时代进步了，他还讲那样一套，就显得陈旧了，所以我说它'无所谓'。"到了50年代，张岱年又和冯友兰谈到熊十力的著作，冯则说："现在看来，熊十力确实了不得，他的思想确实深刻，而且逻辑性很强。"

1947年的一天，张岱年同金岳霖闲谈。张问金："您的著作《知识论》已经写成了吗?”金说:“已经写完了。这本书写完,我可以死矣!”

钱穆在苏州省立中学教书,撰著《先秦诸子系年》。有一次,在南京支那内学院听欧阳竟无讲佛学的蒙文通,来苏州访钱穆,两人同游灵岩山,直至太湖邓尉,田野村落,群梅四散,弥望皆是。及登山,俯仰湖天,畅谈今古。蒙文通又手携钱穆《先秦诸子系年》稿披览。蒙语钱曰:“君书体大思精,惟当于三百年前顾亭林诸老辈中求其伦比;乾嘉以来,少其匹矣。”及返苏州城,文通读《系年》稿未毕,但急欲行,遂携此书稿返南京。蒙文通有友专治墨学,见钱穆此稿,手抄其中有关墨家诸篇,特以刊载于南京一杂志。是为钱穆之《先秦诸子系年》稿最先唯一发表之一部分。

钱穆在燕京大学教书。一日,胡适对钱穆说,商务印书馆嘱编一中学国文课本。胡适以钱穆在中学教国文多年,富实际经验,因与钱穆商议合作编写商务要的中学国文课本。钱穆回答说,对中国文学上的意见,我俩大相违异,倘若各编一部中学国文教科书,使国人对比着读,庶可有益。倘若两人合编,其事不易,并使他人亦无可窥其底里。遂拒不为。此事遂作罢。

钱穆曾在哈佛燕京学社作学术演讲“人与学”,以欧阳修为例,说明中国学问主通不主专,故中国学术界贵通人,不贵专家。苟其专在一门上，则其地位即若次一等。钱穆后来在给严耕望的信里，也说古人治学本无文史哲之分，“如读《通鉴》，温公于两书外多增唐人小说笔记，不仅有关史事，其间有甚深蕴蓄属于义理方面者。温公此书，实已文史哲三者兼顾。”钱穆信里又对严说：“东莱《古史》，一见便是史；温公《通鉴》，史中兼容文哲。弟试从此两义参入，学问必可更上一层。”（作者按：温公，司马温公；东莱，吕东莱。）钱穆在哈佛燕京学社作这个学术演讲时，当时在美讲学的“中研院”史语所所长李济亦在座，李济专事考古，据说李济听讲时白眼多青眼少。

20世纪20年代，中国哲学史界对于孔子、老子的年代问题有过一次大辩论。当时张岱年还在北师大念书，他也写了一篇文章参与讨论，署名宇同。冯友兰教授读此文，觉得材料证据出于作者笔下亲切有味，心颇异之，以为必为一年长宿儒，后知其为一大学生，大异之。等看到了张岱年，则为一忠厚朴实之青年，气象木讷，若不能言者，虽有过人聪明而绝不外露。冯乃益叹其天资之美。

张岱年北师大毕业即受聘于清华，教哲学概论，选课者除哲学系一年级学生之外，亦有其他系高年级学生，均翕服无闲言。清华哲学教授冯友兰说：张岱年真正是一位如司马迁所说的“好学深思”之士，对于哲学重大问题“心知其意”，讲课者言之有物，听课者亦觉亲切有味矣。

刘文典讲课很有特色，他在西南联大任教时，有次在课堂上对学生讲，要把文章写好，只要注意“观世音菩萨”就行了。学生不明所指，他解释说：“‘观’就是要多多观察生活；‘世’就是要明白社会上的人情世故；‘音’就是文章要讲音韵；‘菩萨’就是要有救苦救难、为广大人民服务的菩萨心肠。”

抗战胜利后，很多学者纷纷出国留学访学。苏秉琦也有机会出去，有朋友劝他留洋。但苏秉琦没有出去，他想尽快从昆明回到北平，整理留在北平的资料，做他的考古学研究。苏秉琦以为，一个学中国考古的人要拿出对中国文化史的研究成果，才好和外国人对话。他对朋友说：“我再过十年出去不为迟吧。”

考古学家苏秉琦晚年曾对自己的孩子说，学术研究，“多数情况下，对立面总归有其合理成分，要善于向对立面学习，要学会吸收营养”。他举硬木家具的把手作例子，在拐直角的地方是两块木头结合起来，“榫卯结构是‘你中有我，我中有你’”。苏秉琦还对孩子举了自己的至交——德国汉学家傅吾康作例子说：“傅吾康的学派，仅仅是德国的三大汉学派之一，激烈的争论不伤害学术研究还有促进作用，也更少人身攻击。我国距离这个境界，尤其是后者，还真有不小的距离。”

数学家、北京师范大学数学系教授傅种孙认为讲课要讲出个人的体会来，有了体会，推导、计算、定理、方法等就有了灵魂。代数专家刘绍学教授回忆讲群的公理时，傅先生说："公理体系就相当于一个国家的宪法"，"要入境随俗"，到了那个国家（一个公理体系）就要按照那个国家的法律办事，否则你就要犯错误（犯根据不清的错误）——"要尽弃所学而学"，不要把公理体系以外的东西带进来。语奇意确，叫人很难忘掉。

鲍文蔚用宋明话本的笔法以精辟的汉语翻译拉伯雷《巨人传》，20世纪50年代中叶出版第一卷；第二卷译毕交稿，但被出版社弄丢；第三卷译成，"十年动乱"中抄家时被逼着当面用火烧了。"十年动乱"结束后重译，时鲍先生已患青光眼，视力锐减，组织上给先生派了一位助手，想用先生口述助手记录的办法抢救第二、三卷译稿。但助手只懂法语，中文、文学的修养都不好，故工作起来很难配合。

史学家何炳棣说："一部真有意义的历史著作的完成，不但需要以理智缜密地处理大量多样的史料，往往背后还要靠感情的驱力。"并自谓生平所有著作之中，投入的感情（理智滤过的感情）最多的要数《东方的摇篮：新石器时代及有史早期中国技术和理念土生起源地探讨，公元前5000年至前1000年》。

北师大中文系一级教授、文艺学家黄药眠一生坎坷，先是被错划为“右派”，“十年动乱”中又被“专政”，挂黑牌、进牛棚、扫地、淘粪，在毫无写作条件的情况下，时常将自己的思想沉浸在宇宙、人生、民族等的海洋里，做着哲人式的漫游，然后利用劳动的间隙，在无人的囚室中，将思想的闪光及对以往生活的点滴体味，用短句的形式，偷偷地写在纸片上，藏在十分秘密的地方。“四人帮”倒台后掏出来一看，居然积累了1800余条，遂整理成充满浓郁诗情与深邃哲理的随笔集《面向着生活的海洋》，交花城出版社出版，后多次再版。

邓广铭说，治史要有“四把钥匙”，即目录、谱牒、地理、官制。韩儒林又补了“两根拐棍”：古文和外文。

任继愈说，人们只看到张岱年先生哲学的空灵高明，往往忘了张岱年用过扎实的功夫。

陈子展主持复旦中文系，强调高校教师除教好书外，必须做科研工作，否则只是一个“教书匠”。

北师大数学系教授刘绍学20世纪50年代留苏，在莫斯科大学读数学博士，师从A.G.Kurosh。刘绍学尝于梦中得解。那时他曾猜想，局部有限代数借助局部有限代数的扩张仍是局部有限的，这命题对Jordan代数也应该是成立的，因为对交错代数情形刘绍学已证明，对Lie代数情形虽然这命题确不成立，但他也已给出它成立的充要条件。刘绍学长时间冥思苦想这样一个小的具体问题，却始终不得其解。然而一天夜里梦得一想法，喜醒时记下，第二天上午终得一证明。刘绍学先生后来说这是他一生中仅有的一次。

瞿菊农，哈佛哲学博士，后来到北师大做教授，人称“四十岁有四十本著作”。他常鼓励学生要早点动手写作，“在写作中进步”，“在成文过程中提高自己”。瞿菊农讲课旁征博引，汪洋恣肆，气势恢宏。他给学生讲宋明理学，讲到酣处，常常搬出柏拉图的原版《理想国》，用纯熟的英文大段诵读，学生常有时空交错之感，不知“是柏是瞿”。

“十年动乱”中，顾准对中科院经济所几派的头头讲：“你们今天你打倒我，明天我夺你的权，自认为在搞革命，光荣得很，其实不过是给人家当棋子摆弄，有什么意思？不如安下心来读一点书，做点对人民有益的事情。”有的年轻同志听从了顾的话，后来在学术上真有所成。

笔者20世纪80年代初中期在北师大中文系念书时，古典文学欣赏辞书正大行于书市。聂石樵先生授课，每讥此类书文为“哼哼唧唧”，不屑为。顷读吴龙辉君文，云，北师大的古代文学学科曾云集刘盼遂、李长之、王汝弼、启功等名学者，形成了一个有影响的“文献—历史学派”，注重文献考证和历史文化背景分析，透过文献背景考察文学诸因素的历史变迁，对文学研究中使用最为普遍的美学方法和文本分析则不予重视。吴君此说甚善，可以解释聂先生为何不以文学欣赏类书文为然，盖师承刘盼遂、李长之诸先贤的聂先生，正是承续了这一“文献—历史学派”的学风文风。或云，聂先生谨守“家法”。

陈元晖坚守学术独立。20世纪90年代初，陈先生在《北京师范大学学报（社科版）》发表6万字论文《中国教育学七十年》，文中不少篇幅提到刘佛年主编的《教育学》，谈了不少意见，很少肯定这部教材的价值和贡献。有人希望陈先生在文中能够补写几句总体肯定这部教材的话，还说有位领导人在一次会议上就讲“刘佛年编写的《教育学》还不错嘛”。陈先生反问道：“这位领导人真看过吗？”熟悉陈先生的人说，这就是陈先生的性格，你越想用政治大帽子压人，他越不服气，越要坚持个人见解。

王遽常，治中国古代哲学史，也是诗人、书法家。顾亭林诗作传世不过四百多首，王遽常撰写《顾亭林诗集汇注》却多达百万言，前后花费二十多年才杀青。王遽常的这部书稿，用16开大小的宣纸，没有格子，而他写来却行间字数匀称，宛如科举时代殿试策的白折子。原稿上的字，个个都是2号铅字大小，字体还是章草。

吴富恒早年就学北师大英文系，后留学哈佛。做过山东大学校长。吴富恒思想开明而独立。20世纪80年代初全国外国文学年会上，一位来自香港的学者在发言中说，同性恋在西方存在很正常，这是人性的自由。在当年人们的认识水平下，这位学者的说法遭到许多人反对，有人甚至认为，同性恋是畸形社会产物，主张公开驳斥。吴富恒认为，应该允许西方人按他们的价值观选择生活方式，外国文学研究，应该多从外国的乃至世界的视野来观察不同的社会现象。他力排众议，不赞同简单给人下结论，强调学术会议要允许表达不同意见。80年代初中期“清除精神污染”，美国当代小说《第22条军规》《麦田里的守望者》都遭批评，湘版《查泰莱夫人的情人》中译本被查禁，还有批判存在主义等，一时弄得翻译出版界颇感困惑。那时南京的《译林》杂志正在组译美国女作家欧茨的《他们》，书中有一些性爱描写。杂志主编心里犹豫，趁去看望在苏州开会的吴富恒之际，就此事向吴先生请教。吴富恒说，欧茨是严肃高雅的作家，善于观察和剖析现实社会，在美国文坛声望很高。她的作品会有性爱描写，那多是表现平民压抑情感的一种宣泄，是人生活中七情六欲的自然展现。都说爱情是文学的永恒主题，那写点爱情中的性爱又何必大惊小怪。吴还告诉主编，不能把像欧茨这样严肃作家笔下的性爱描写，跟那些商业小说的色情渲染相提并论。你们搞出版的，要看到并善于处理这种差别。吴富恒这一席话，不仅解除了杂志主编对出版《他们》的顾虑，更成为杂志后来处理类似问题的一个参照尺。

复旦外文系教授陆谷孙非常欣赏朱生豪翻译的莎士比亚戏剧。陆先生对记者说："朱生豪翻得是蛮好的。《威尼斯商人》中即使是一张便条，译得也颇有中国尺牍文学之风，非常到位，一点意义也没有遗漏。"

蒋礼鸿学问大而著述少。某日季羡林到蒋府上，季先生赞蒋先生《敦煌变文字义通释》一书写得好。蒋先生说："我只一本小书。"季先生说："司马迁也一本书。"

北京大学教授季羡林有一次和北师大教授童庆炳说：现在大家给了我很多头衔，"国学大师""文学大师""翻译大师"等等，我不适合戴这些帽子，这些帽子我都送还给他们。我的学问很杂。我可以说70岁才开始做学问。很多人不知道我的专业是什么，不知道我搞的是什么。直到我的《糖史》出版以后，人们才大概知道我搞的东西。

北师大教授孙永生在函数逼近论方面做出了成就。作为中国数学界的前辈，孙永生是出了名的教学名师。即使这样，他在每一次讲课之前，都要提前半个小时到学校，在数学楼前的小花园一边走路，一边打腹稿，思考怎么说才能让学生更明白。而且无论讲过多少遍，他还是会认真准备每一堂课，无一次例外。

新文学史家王瑶曾对学生讲学问的层次：第一等是定论，

第二等是一家之言，第三等是自圆其说，第四等是人云亦云。王瑶又说大量的论文不过是自圆其说，这就不错了，千万不能人云亦云。

俞敏为写《后汉三国梵汉对音谱》，读了300卷两汉人译的佛教的经和律。《对音谱》完成后，居然没有一家学术刊物肯接受，理由是“没有铅字”。俞先生只好自己油印，分发送人。时为1979年。

翻译家董乐山译有《中午的黑暗》。译著交某出版社付梓。该出版社出书时，封面译者署名董乐山误作“董东山”。董乐山从此不将他的任何作品交给该出版社。

董桥1999年在一篇随笔里赞赏牛津文学教授约翰·贝利的著作“闻不到时下博士论文那股医院消毒药水的味道，句句是学问不是学术，文字淡素之余常见拙气……”“他是学院里老一派的饱学之士，用练达的人情世故看文学艺术”。

香港翻译名家、汉学家刘殿爵英译《论语》《孟子》等经典，全由英国企鹅出版社出版，畅销不衰。据说编辑部对译文若有一字半句生疑也不敢乱改，总是恭请刘先生出来在午餐桌上请教请示。

民俗学家、民间文艺学家、北师大教授钟敬文生前有出版社要为他出文集、全集，钟先生总是提出先不要给自己出文集、全集，还是先支持年轻教师出专著。在钟先生的支持下，《中国民间文化探索丛书》才得以面世。收进这套丛书里的有青年学者赵世瑜《眼光向下的革命：中国现代民俗学思想史论（1918—1937）》、董晓萍等《乡村戏曲表演与中国现代民众》、萧放《〈荆楚岁时记〉研究》、杨利慧《女娲溯源：女娲信仰起源地的再推测》等著作。

古希腊大哲学家苏格拉底有一天早晨为了一个不能解决的问题，立定街头一动不动，从早站到晚又这样站着过夜，次日早晨苏格拉底才醒过来，他朝着太阳做了祷告后走开了。

据说苏格拉底惯常在雪地里沉思，而法国17世纪大哲人笛卡尔却极畏寒，只有当他身体暖和时头脑才管用，才能写出“我思故我在”这样的名句。

歌德说如若文思苦涩，不妨取一杯葡萄酒慢饮，提神以助文思。

法国小说家普鲁斯特一夜之间摒弃与巴黎上流社会的交往，息影书房，仿佛退倦于人生者居于自己的人生堡垒，紧闭门窗写作，于是一部不朽的小说《追忆逝水年华》诞生了。

英国作家柯南·道尔《福尔摩斯探案集》在清末被译成汉语，风靡中华，并令世人误以为只有西方有一流的侦探小说。荷兰汉学家高罗佩打抱不平，说：“果尔，中国历代循吏名公岂非含屈于九泉之下？”高罗佩列举一串公案后，总结说：“足知中土往时贤明县尹，虽未有指纹摄影以及其他新学之技，其访案之细、破案之神，却不亚于福尔摩斯也。”1949年起，他以狄仁杰为主人翁，凭着自己丰富的想象力和对中国历史文化风土人情的深刻理解，陆续撰写一系列英文侦探小说。1953年，他的第一部以汉语写成的探案章回小说《狄仁杰奇案》交新加坡南洋印刷社出版。其后，高罗佩又以英文撰写以狄仁杰为主人公的中短篇探案小说百余万字，总名《狄公案》。高罗佩笔下的“狄公”集人间豪侠、破案高手、东方美男于一身，又聪明又富才情又干练又幽默。“狄公”从此在欧洲成为家喻户晓的小说人物。

高罗佩探案小说《中国迷宫命案》被一位日本学者译成日语出版。那时日本正兴起“裸体崇拜”热，出版商打算给这部书配上裸女封面，以促销路。高罗佩一开始以为中国礼教甚严，应该没有裸画，一调查出乎意料——中国古代春宫画册在中国、日本都有存留。这件事促使高罗佩后来研究中国古代春宫画与古代性问题，1951年在东京出版了这个领域的开山之作《秘戏图考》。

物理学家黄昆年轻时在英国布里斯托大学读博士学位，后来又到利物浦大学理论物理系做博士后。黄昆曾经对朱邦芬说，他没有和导师莫特合作写过论文，但莫特对他学术风格的形成起了决定性的作用。莫特有深厚的数学理论修养，但他倾向于提出形象的简单的物理模型，以最简单的数学方法解决问题，而不主张借助繁杂的数学推导。莫特的这种风格，使黄昆避免了在数学公式里绕圈子的弯路，并且懂得重视实验和理论的联系。

英国物理学大师莫特曾写过几本不同领域的专著。黄昆出于对莫特渊博知识的仰慕，选择跟他做研究。然而不久，黄昆就发现，莫特并不崇尚泛泛地博学多闻，而是致力于解决他所感兴趣的具体科学问题。一段时间内他集中精力思考自己当前所研究的具体问题，只喜欢与人讨论他自己正在研究的问题；当人们和他讨论其他问题时，莫特往往几句话就把别人打发，或用打岔的办法敷衍过去。莫特之所以拥有渊博的知识，是通过在不同时期关注并解决不同的问题，慢慢积累起来的。莫特一个时期专注于一个问题的治学风格对黄昆影响也很深：黄昆也只喜欢与人讨论他自己正在研究的问题。朱邦芬说他跟黄昆先生在一个办公室时，经常有人来找黄先生讨论各种物理问题，只要听到黄先生说自己“不懂”时，朱就知道他不愿意再讨论这个问题，寥寥数语就结束了。但是如果真正讨论到一个黄先生有兴趣并且正在研究的问题，他可以跟你“没完没了”。朱邦芬说：“和黄先生在同一个办公室15年，每天都要讨论很多问题，经常互相辩论和抓住对方漏洞来反驳，我们曾经自嘲说，我们有点像金庸小说《笑傲江湖》里的‘桃谷六仙’。”

1849年，思想家、散文家梭罗自费出版1000本《康科德河和梅里麦克河上的一周》，4年后收回未售的706本。为此他写道："我现在的藏书约九百册，其中七百多册是我自己写的。"

果戈理的《死魂灵》是一部伟大的小说。但他年轻时，初入写作这一行却遭遇失败。果戈理自文法学校毕业，二十来岁写了一部描写德国生活的长篇田园诗《汉斯·丘赫加顿》，自掏腰包出版。这部作品平庸而天真，遭到多本杂志嘲笑。果戈理将作品悉数购回，予以销毁。

文学家果戈理年轻时觉得自己完全有资格担任历史学教授。果戈理25岁成为彼得堡大学历史学教授，他自己信心满满，第一堂课讲中世纪史引论，讲得慷慨激昂，可接下来的内容贫乏空洞。屠格涅夫那时听过果戈理的课，留下痛苦的印象。一年后，果戈理便辞去教职。

苏联大物理学家朗道曾把物理学家按照几何图形分为三类：最好的呈三角形，基础好，研究中收缩领域，最后形成一个尖端；最要不得的是倒梯形，基础不宽，却各个领域都去做，结果上面大，下面基础不牢，没准哪天就翻了；还有一类是正方形，基础还行，在原来基础上的各个方面也都有发展，但是没有突出成果。朗道把自己列为正方形。

西克灵，德国哥廷根大学教授，先是研究梵文，后转到吐火罗语研究。西克灵的博士学位论文，是给一部梵文佛典校勘、加注，另加他写的一个很短的导言，博士论文一共6页。

斯特拉文斯基写《俄国歌曲四首》，乐谱的定稿总共5页，草稿则多达32页。他从这32页草稿里修改而成5页。

英国作家司各特以写苏格兰背景的诗歌成名，但后来拜伦登上诗坛，司各特自知无力超越拜伦，于是转行写起了历史小说。结果名声大噪，历史小说的成就盖过了他的诗名。

苏格兰经济学家亚当·斯密的经济学巨著《国富论》，大部分内容都是在伦敦的大英咖啡馆里写成的。这家咖啡馆是亚当·斯密在伦敦的基地和通信地址，来自苏格兰的学者都喜欢在这里聚会。斯密就是在这里把写好的各个章节分发给他们阅读，听取他们的批评意见。

乔治·凯南是美国杰出的外交家、政治学家和历史学家，写作字斟句酌，文体优美。可当初他还是学生在普林斯顿大学读书时，打算选修默奇教授的英文写作课，被默奇拒绝。默奇说凯南之前的英文成绩太糟糕了。凯南当时在日记里写道："我的虚荣心备受打击。"

乔治·凯南20世纪50年代初离开美国国务院后，普林斯顿高等研究院负责人奥本海默力排众议，为凯南提供了一个研究员的职位——研究院里其他研究员（主要是一些数学家）认为凯南这位前外交官缺乏学术资质。尽管到1957年凯南的第一本学术著作《俄国退出战争》几乎拿遍了美国国家图书奖、班克罗夫特奖、普利策奖等各种大奖，1957年11月荣获牛津大学伊斯特曼荣誉教授职位，此后在学术生涯中出版了二十多部著作，但即使在他作为研究院的杰出人物退休后，他仍对朋友感叹说：他感到自己仍然生活在当年要么出书要么走人的阴影里。凯南后来还说，他在《俄国退出战争》及其他文章中堆砌那些“令人震惊的细节”的主要原因，就是为了防止研究院的同事批评他肤浅。

马歇尔是奠定西方当代经济学基础的大师，但诺贝尔经济学奖得主斯蒂格勒说：“有人曾说，学养可观的人，也可能犯可观的错误。马歇尔不是例外！”

法国汉学家伯希和学识渊博，但他不信任任何宣称能够解释世界如何运行的理论，从来没有想到要去写一部综合性的研究专著，兴趣只在于解决文献中的所有难点。伯希和的学生塞诺有一次问伯希和：“大师，为什么您要浪费时间，把您令人难以置信的知识用于澄清那些无关紧要的事情呢？”伯希和愉快地回答：“这让我高兴。”这个故事见于塞诺写的《怀念伯希和》一文。中国的蒙元史学家陈得芝教授说，伯希和的这个回答，大概就是先贤所说的“为己之学”。

美术史家詹姆斯·埃尔金斯教授主编过一部题为《美术史对美学》的文集，他本人写的文章所用的标题尤其有挑战性：《为什么美术史家不参加美学会议》。识者或曰：这是源于考信求实的美术史家对美学家玄虚空论的本能的厌恶和拒斥。

查尔斯·W.艾略特，生于1834年，卒于1926年，美国伟大的教育家，哈佛大学历史上一位传奇校长，罗斯福总统称他是“共和国第一公民”。20世纪二三十年代，亨利·詹姆斯撰写查尔斯·W.艾略特的传记。查尔斯·W.艾略特的孙子塞缪尔·A.艾略特同意将所有的文字资料归詹姆斯处理，允许詹姆斯引用和评论。塞缪尔·A.艾略特及艾略特家族其他成员全都尽其所能给亨利·詹姆斯提供帮助，但从来没有想要影响亨利·詹姆斯的判断。亨利·詹姆斯撰写的这部传记《他缔造了哈佛：查尔斯·W.艾略特传》，1930年出版，1931年获普利策传记奖。

《曼彻斯特导报》是英国著名的自由主义报纸，《芝加哥论坛报》是美国著名的为孤立主义撑腰的报纸。20世纪二三十年代，美国著名报人约翰·本杰明·鲍惠尔在上海同时给这两家立场迥异、政策不同犹如南北极的报纸采访错综复杂的中国新闻。这使鲍惠尔的同业好友甚感奇怪。鲍惠尔后来在他的回忆录里说：“……我在写新闻时，从来没有考虑过这两家报纸的政策和立场。……我总是尽我最大的努力，去获得最基本最重要的素材，然后让编辑先生们去裁决。我从来不记得曾经因为要跟这两家报纸的政策相配合，修改过我的新闻电报稿……”

贵族出身的屠格涅夫，他的《猎人笔记》里的篇什，最初陆续刊发在涅克拉索夫主编的《现代人》杂志上。这些作品单篇发表时，似乎无伤大雅，累加效应却相当大，如同文学史家所说仿佛一枚“软性炸弹”。屠格涅夫在这些作品中写到的农奴，在人性方面都高于其主人。据说，这部《猎人笔记》给后来的沙皇亚历山大二世留下强烈印象，使他最终作出废除农奴制的决定。

果戈理去世时，屠格涅夫撰写了一篇其基调在警察机构看来过于热情的讣告，于是屠格涅夫被捕，后被遣送回故乡庄园，被软禁达18个月。

美国有句谚语：“你不能用猪耳朵做出丝钱包来。”这让一个名叫阿瑟·利特尔的人听着感到逆耳。他买来10磅猪耳朵做成动物胶，纺出人造丝线，再做成雅致的钱包。利特尔又写了本书《对哲学的贡献》，声称自己这样做是“对哲学的一个小警告”，也是对所有使人与未来隔绝的思维方式的一个警告。

辛克莱的长篇小说《屠场》，原名*The Jungle*，更确切的意思是“丛林”，他要揭露的远远超出屠场的肮脏，是这个弱肉强食世界的丛林原则，是资本主义机器对人和人性的强暴。结果却是小说中描写的屠场的骇人听闻的肮脏，引发美国人对食品安全的关注，激起空前强大的舆论压力，终于促使国会通过《纯净食品及药物管理法》。辛克莱说：“我瞄准公众的良心，一不留神击中了他们的胃。”

两次夺得普利策新闻奖的《纽约时报》记者霍默·比加特，做过二战、朝鲜战争和越战的战地报道。在开始报道前，比加特好像一无所知，他不做假设，要求每个人对所说的话或所下的断言提供证据。人们说：“他刚开始显得一无所知，最后发现了一切。”他对年轻记者说：“事实和谎言怎么可能都正确呢？我们不应该加以选择吗？”一段意味深长的停顿后，他自己回答道：“应该。”

以赛亚·伯林是一位经常出入社交宴会的英国思想家，频繁的社交常常使他萌生新想法。

诺贝尔经济学奖得主萨缪尔森，热衷于政府干预。1985年，苏联的经济溃不成军时，萨缪尔森还写文章说“苏联的计划制度历来是经济增长的强力引擎”。即使到了苏联解体前两年的1989年，此公还认为那里的经济前途无量。萨缪尔森智商顶级。张五常曰：“可惜天赋高不一定对。”萨缪尔森的弟子、诺贝尔经济学奖得主蒙代尔亦以为，萨缪尔森的模型创造技巧天下无匹，缺少的是有广泛深远影响的思想。

经济学家弗里德曼上课时喜欢以《华尔街日报》上的报道或评论为话题，渐渐引入纯理论中，令学生既感兴趣又受用。

经济学大师布坎南始终把自己的任务定格于发展和创造思想以及使这些思想进入讨论。一旦自己的思想被人们讨论，他自己的任务也就完成了。布坎南不认为他有宣扬自己或别人想法的道义责任。

剑桥大学经济学教授哈恩认为，经济理论最多能够为探索世界提供帮助，但并不是因为它能够令人极为满意地描述了世界，而在于它清楚地指出了理解的局限性。哈恩后来说，在他更深刻地理解了经济学和历史之后，他对改善人类生存条件的“蓝图”和激进方案越来越怀疑。

经济学教授金德尔伯格认为，教授如果取消授课造成学生在图书馆所学的多于课堂所学，那么，教书也就没有任何价值，教授也就近乎是在假借教书来骗钱。

金德尔伯格认识的一位经济史学者，曾读过一本书，做了详细的笔记，笔记后来丢了。五年后，该学者重读此书，做了更多的笔记。过后他又找到了第一本笔记，两相比较发现，两本笔记中的重复部分只约占50%。这是因为他的兴趣已发生了转移。金德尔伯格说，对于大部头的书，他自己也往往有几份不同版本的笔记。

经济学家凡勃伦称研究的动机是“无所事事的好奇心”。鲍莫尔以为此说甚有理，补充道：在一定程度上减少我们的愚昧无知，毕竟是学者的主要任务。

经济学家鲍莫尔认为，将经济学的抽象研究结果应用于复杂的现实问题，务必慎重。并戏言，在完成对研究结果的检验之前，这样的政策建议或许得贴上个标签：“这项政策可能会被证明对经济的良好运行有害。”

经济学家布伦纳认为，用非常贫乏和可疑的经济内容进行经济研究，说得再好，也只是非常业余水平的和记者水平的。布伦纳年轻时在圣高尔大学做讲师，若按部就班写任职资格论文等，可以在这所大学成为教授。但布伦纳意识到该校经济研究学术水准的欠缺，建议从美国邀请一位经验丰富的学者。布伦纳的这个建议受到冷落，他也因此被解职。然而35年后，布伦纳从圣高尔大学得到了一个荣誉学位。

奈特，芝加哥大学教授，据说他的文章不太能读得懂，讲课更是天马行空，但他教出了5个诺贝尔经济学奖得主。

20世纪，芝加哥经济学派名重一时，才士辈出。此学派诸公皆主自由自主的教和学。艾智仁对学生说：“我认为这本书很不错，值得介绍，但你们要选读什么书是你们的自由。”奈特对学生说：“考试的题目年年一样，但答案却会不同。”

赫舒拉法对学生说："这个试题我没有答案。我不懂得答，却可以问，因为无论你怎样答，我都是按你的思维高下给分数的。"科斯对学生说："我今天教你们的理论总有一天会被认为是错的，不会错的理论没有什么意思吧？"

1931年，科斯20岁，在伦敦大学读书，获奖学金，跑到美国，在芝加哥大学偷偷听了奈特的三节课，有所悟，遂写《公司的本质》一文，反对奈特的公司理论。60年后，科斯以这篇论文获诺贝尔经济学奖。

一个夏日的午后，英国艺术史家苏立文携夫人登上意大利科莫湖畔的山头，鸟儿在树林里歌唱。画山秀水里，苏立文在头脑中酝酿出了关于中国山水画著作的一个主题，后来这部书即取名《山川悠远：中国山水画艺术》。

恩斯特·卡西尔，博学的哲学家，汉堡大学校长。1933年希特勒上台，法西斯专政。卡西尔认为这是"德国的末日"，辞去汉堡大学校长职务，离开德国。卡西尔一生没有离开过课堂，1945年4月13日，在哥伦比亚大学校园里，一群学生围着卡西尔提问，卡西尔耐心地回答着回答着，猝然而亡，死在学生的怀抱里。

美国著名记者霍默·比加特把新闻报刊不加批判地接受官方叙事版本的行为称为"办事员作风"。他认为，记者不只是速记员。记者有责任查明事实和找到实际证据，而不是接受他人的二手信息。他在自己的记者生涯中，超越了“办事员作风”，不靠猜测写稿。

2008年诺贝尔经济学奖得主克鲁格曼，据说有60%的论文被退稿。克氏自我分析，他的论文之所以退稿率这么高，是因为他走在时代尖端。

克鲁格曼批评里根、布什和克林顿的经济政策太依赖于企业型经济学家，这类江湖佬（Snake Oil）说些雇主（政府）乐于听的话，令政府的经济政策一开始便朝错误的轨道前进。有人以为，克鲁格曼之所以作这样的批评，或与他未受当权者的重视有关。

1992年的诺贝尔经济学奖得主嘉里·贝克尔，早年撰写论文《竞争与民主》，投给《政治经济学学报》，编辑汉密尔顿接纳，而该论文的“知名审稿人”、芝加哥学派巨擘奈特却有劣评，该文遂被退稿。论文遭大宗师恶评，贝克尔心灰意冷，论文藏诸抽屉，若干年后才在《经济法学学报》得见天日，甫发表即获好评。而在这篇论文封藏的年头里，出现了若干论点及方法论类似的文章，贝克尔的原创性也因而无法获得应有的荣誉。

1972年的诺贝尔经济学奖得主阿罗，任美国计量经济学会会长时所作的就职论文，竟遭该学会会刊《计量经济学学报》退稿。阿罗回忆往事，幽默地说：“这证明了该刊编者大公无私!”

20世纪70年代后，计量经济学大行其道，数学公式太少便不吃香，阿克洛夫的名篇《柠檬的市场》，只因数学公式太少，初投而遭退稿。

经济学大师萨缪尔森，早岁在芝加哥大学上完经济学家阿伦·迪雷克特的课后，才觉得自己是读经济学的材料。斐雪是美国的经济学泰斗，可当初在耶鲁念的是数学，毕业后还留校做过数学讲师。福利经济学鼻祖庇古在剑桥大学随史学名家布朗宁读历史，三年级才改投马歇尔门下念经济学。1974年诺贝尔经济学奖得主麦道尔，大学念的是法律系，后来才随瑞典经济学名家卡塞尔研读经济学，大有所成。理性预期大师卢卡斯在大学念的是历史，后来才改学经济学。康奈尔大学经济学教授路德思所撰《经济学人的世界观》颇有可观，他也是先学公共行政硕士课程，后来才转修经济学。开一代经济学门宗的凯恩斯，大学读的是数学，毕业参加文官考试，才留校读经济学。金德尔伯格大学一二年级读的是古典文学，因不喜欢教授的授课，才改修经济学。其他的一些经济学家，如：希克斯爵士在大学念的是数学，威廉斯读的是英国文学，米利根学物理，索洛的第一个学位是社会学……所以金德尔伯格有名言：“经济学家在二十岁前专攻其他学术领域，已几乎成为（能证明的）定理。”

随着二战结束，信奉凯恩斯主义的宏观经济研究者，如哈佛大学著名的凯恩斯主义经济学家阿尔文·汉森预计，由于军事开支缩减，美国将陷入长期停滞，可与战前的大萧条岁月相比。但美国经济在战后持续繁荣。后来长期担任美联储主席的格林斯潘在他的一部回忆录里说，他从中获得的教训是，在涉及宏观经济时，聪明人也可能犯大错。

经济学家弗里德曼在自传中对学院派经济学家提出了一条建议：“一定要在政府里工作几年——但仅仅几年就已经足够了。如果你在政府工作超过两三年，你就会深陷其中，不能再把精力集中到学术研究上。”

弗里德曼认为向国会论证某项政策有效的做法也是无用的，他说：“长期以来，我都觉得试图向国会论证某项政策的有效性是在浪费时间……花相同的时间写篇文章发表……或发表演说，在影响政策决策方面都要比向国会论证更为有效。”弗里德曼曾为《新闻周刊》撰稿将近十年。

经济学家卢卡斯曾把他的第一篇关于理性预期的学术论文《理性预期与货币中性》投给美国经济学会的核心杂志《美国经济评论》，遭退稿。退稿理由是论文运用的数学推理太多。卢卡斯大为光火，斥责该杂志的主编是在办周报而不是在办经济学的学术杂志。这篇论文后来发表于《经济理论杂志》。卢卡斯1995年获诺贝尔经济学奖。

滑铁卢大战时，从前线传回了不利于英国的消息，当时英廷曾发行三千六百万英镑的战争债券，于是投资者选投这批债券者甚寡，经济学家李嘉图组成的财团则以低价购进，四天后英国大败拿破仑于滑铁卢，政府债券顿成抢手货，李嘉图顺利获利回吐，他个人在这次买卖中净赚百万英镑以上。同时的经济学家马尔萨斯则因担心英国战败，政府债券不能持久，而早早卖掉，结果一无所获。

美国经济学大师斐雪，在股市上却是彻底失败。1929 年 10 月 20 日，距离大崩溃的黑色星期五的 10 月 29 日仅 9 天，斐雪还以种种数据对报界指出股价“正在高点消化待升”“新高峰必会出现”。斐雪当时是首屈一指的经济学家，一言九鼎的权威，结果连累得成千上万的投资者倾家荡产，他自己亦一夕之间输尽所有，以致在 1947 年潦倒以终。斐雪看好经济前景，据闻，一方面是他的经济理论判断美国经济已进入全盛期，另一方面也是因为他持有大量股票，成为既得利益者。

经济学大师熊彼特即使连续几年教授同样的课程，每次的授课内容也都不同，都会讲出他新的学术思考和学术见解。据说这在学术界是罕见的。

熊彼特并不擅长数学，但他一直倡导数学在经济学中的应用。他在哈佛给学生组织了一个“经济理论的数学处理方法介绍”的研讨班，并邀请著名统计学家爱德华·威尔逊教授来讲学，他本人则像一名学生一样，参加这个研讨班。熊彼特主张学者应该具备方法论方面的包容心，唯一不能容忍的是无知和不容异议本身。

曾经担任过熊彼特经济理论课助教的保罗·斯威奇发现一件奇怪的事，那就是熊彼特在所教的全部课程中从未让学生参阅自己的作品。斯威奇试图让熊彼特相信许多学生来到哈佛并乐意在他指导下学习，因此有必要向他们详细阐释自己作品的理论。熊彼特总是认真聆听斯威奇的劝说，但从未因此采取过任何实际行动。熊彼特即使在那些崇拜他的学生面前，也从不提及自己的著作。人们争论说熊彼特并没有试图建立一个类似于德国历史学派或奥地利学派的熊彼特学派，萨缪尔森回应道："他确实为后人留下了唯一适合于一个科学学科的学派，即从他的教益中找到火种的一代经济理论学家。"

熊彼特从来都不会依据学生或同事与自己意见的契合度来对他们进行判断。在他的圈子中，凯恩斯主义者和马克思主义者同样受欢迎。只要他们的想法确实经过自己的思考，至于它们具体是什么他并不在乎。对于那些不思考的人，熊彼特则会嘲笑他们。

熊彼特撰写他的第一部著作《理论经济学的本质和概要》，尝试促进德国历史学派和奥地利边际主义达成某些共识。他在序言中呼吁：经济学者“需要的是互相理解而不是相互争斗，互相学习而不是相互批评，分析并得出每一条正确的原则而不仅仅是同意或斥责它”。识者或曰：这种兼容并蓄、宽容大度的学术态度在当时著名的学者当中并不多见；熊彼特有许多缺点，但阿谀奉承肯定不是其中之一。

熊彼特并不认为人们应该只用一种方法来研究经济学。他尝言：一针见血的观点通常毫无意义，甚至在学术讨论中也是如此。他在一篇短文中对将价值判断与科学混为一谈的现象提出了警告，提倡从多个角度考虑问题，秉承价值中立分析。

亚当·斯密1776年出版《国富论》，倡言“经济自利永远是人类行为的首要驱动力”。1912年，28岁的熊彼特著《经济发展理论》，修正亚当·斯密学说，阐述企业家精神在现实资本主义世界中所起的关键作用——“对创造性活动的热爱，对标新立异的热爱，对战胜他人的热爱，对你争我夺游戏的热爱……”典型的企业家是“现代版的‘行业引领者’”，孜孜不倦地寻求创新机会。

经济学大师庞巴维克做过奥地利三届财政部部长，他是熊彼特在维也纳大学念书时的老师。庞巴维克尝对他的这位孜孜不倦、具有反抗精神的学生熊彼特说，科学进步并不必然通过全新的视角，而是通过“老教授们的相继辞世”来实现的。

赛珍珠，美国作家，1892年在美国出生，3个月大就跟着传教的父母亲到中国，前后在中国生活了38年。长篇小说《大地》三部曲写中国故事，赛珍珠因此先后获普利策奖和诺贝尔文学奖。1973年，81岁的赛珍珠去世，葬在故居的花园里，墓碑刻着“赛珍珠”三个汉字。赛珍珠曾捐出700多万美金，设立基金，救助美军于二战期间在亚洲各国的非婚生儿童。

美国百老汇戏院重演剧作家阿瑟·米勒1949年的杰作《推销员之死》。《今日美国报》记者采访阿瑟·米勒，问他重看这出戏有什么感想，米勒说：“不断想跳上戏台改剧本！”

大收藏家连德尔耗费四年时间，替比尔·盖茨夫妇在西雅图的豪宅买书，建立私人图书馆。连德尔曾对邀他指点收藏迷津的新秀新贵说：“你心中先该亮起星星之火，我才能替你燎原。星火不存，爱莫能助。”

日本著名学者林达夫，一生孜孜以学，在他晚年卧病的六七年，几乎被书山围困，据说，这是为了储备与青年学者见面时的谈资。

日本著名学者佐藤信夫，大学毕业后做过法国化妆品公司之类的日本经理，后跻身学术，以研究西方中世纪修辞学而闻名。

日本著名出版家、岩波书店社长、总编辑大冢信一对出版业的认识是：出版的行当就是与优秀学人的知识和智慧创造为伍，并将它们保存、传承下去。

日本汉学家大岛正二，是李方桂在华盛顿大学指导的博士。大岛正二专长中国音韵学和中国语言学史。他曾说："我们研究者是靠国民的税金做研究的，将来我们一定要努力将研究成果回馈社会。"2000年他失去爱妻后至他病逝的2011年，他写出了好几部面向社会一般读者的著作，如《唐代人是怎样读诗的》《汉字传来》《汉字和中国人》《辞书的发明》等。他最后的著作《中国语的历史——语言的演变·研究步骤》，执笔于病榻，出版于2011年7月临终前。毕业于北师大中文系，后移居日本并任教的邢玉芝和大岛正二有忘年之谊，她说："对学者来说，写论文不难，将学术内容通俗地讲给一般读者真是要下功夫了。"大岛70岁出头得了舌癌，两三年后又患了喉癌，他在癌症拉锯战中写了最后的几部著作，实践了他要将学术回馈社会的诺言。

奥地利经济学派名家米塞斯，主张政府干预愈少愈妙。1940年为避纳粹迫害移居美国，因他的学说和当时主流经济学格格不入，一时找不到大学任教，最后在纽约市立大学谋到晚间主持研讨会的教职。美国经济评论家亨利·赫烈德其时在《纽约时报》写社论，在报上介绍米塞斯的著作。米氏因赫氏奔走游说，其著作终于被耶鲁大学出版社接纳出版。

诺贝尔经济学奖得主科斯，60年学术生涯，发表著作4部（其中3部与人合写）、论文数十篇，经常为学者引述的，大约仅10篇。

瑞典汉学家马悦然70多岁时说："我年轻的时候做研究工作的目的是助我发迹，希望同行的学者肯定我学术上的资格。年纪大了以后，这些观念越来越不重要。我现在的研究目的是寻找那种真理之美，满足自己的兴趣。"

加藤繁是日本著名的中国经济史学者，一生执教东京帝国大学（即今东京大学）文学部。中鸣敏曾师从加藤繁，有一天他抱怨说："搞社会经济史这门学问，外国人总不及通晓实际情况的本国人。"加藤繁即正言厉色回答："不是这样的，那只是在常识方面而已。如果真正进入学问的深处，外国人和本国人并没有两样。"

卷二　师友·交游

俞樾，浙江德清人；孙衣言，浙江瑞安人。清道光年间，二人三为同年：十七年（1837）丁酉科，孙拔贡，俞副榜；廿四年（1844）甲辰科，二人同举于乡；三十年（1850）庚戌科，同成进士。相得甚欢，而论诗不合。故俞樾尝赠诗衣言曰："廿载名场同得失，两家诗派异源流。"孙刻《逊学斋诗》十卷，只请俞作序；俞刻《日损益斋诗》十卷，亦只请孙作序。同治四年（1865），孙主讲杭州紫阳书院，俞主讲苏州紫阳书院，俞又诗赠孙曰："廿年得失共名场，今日东南两紫阳。"一时以为佳话。俞樾《春在堂随笔》卷一有记录。

阳湖刘炳照，60岁后别号复丁老人。刘氏一生坎坷，《复丁老人诗记》以诗体作自传，每首诗后都有注文说明本事，多涉文人掌故、时局国事。刘氏晚年流落沪上，贫无所依。缪荃孙为盛宣怀主持刊印《常州先哲遗书》，刘氏谋得校字以糊口。刘氏向缪氏提出希望在刊印《常州先哲遗书》之际"顺便附刻"这部诗集，雕版费40余元亦在刻书经费中"融销"。缪荃孙既不愿假公济私，又不忍拂友人愿，于是自己"解囊独助"，成就这部诗集的面世。

1904年，于右任因作诗讽刺慈禧太后卖国，遭到通缉。

于逃到了上海。马相伯将他收入门下，免学杂费，以化名“刘学裕”（即“流亡学生于”谐音）入读震旦，并对他谆谆教诲：不以空言抒愤，救国必先科学。后来于右任曾有联：生我者父母，育我者先生。

苏曼殊在南京，常和赵伯先饮酒吃板鸭，酒醉，则相与控骑于虎踞龙蟠之间，一时称为豪举。伯先请曼殊绘《饮马荒城图》，没有绘成。后伯先因黄花岗失败呕血而死，埋骨香岛，曼殊特地绘成此图，托友人把画焚化于伯先墓前。

钱玄同识才惜才爱才。钱玄同甚为欣赏顾颉刚的学术研究，以为顾颉刚兼有疑古之炽烈精神和考证之敏锐眼光，“每有论断，无不精当之至，尚在适之、任公之上”。钱玄同认为“此等人材极不易得，若设法使其经济宽裕，生活安全，则以彼之天才，对于整理国故，必有绝大之贡献”。

钱玄同赏识俞平伯《红楼梦辨》，在1923年4月19日的日记里记道：《红楼梦辨》“……做得极好，可以与阎百诗的《尚书古文疏证》比美，可作‘考证学的方法’读”。

商承祚1921年到天津拜罗振玉为师，钻研甲骨文。商承祚的第一部著作《殷墟文字类编》是他父亲商衍鎏——清朝最后一科探花——出资八百多块钱刻印而成的，时在1923年。罗振玉、王国维都很赞赏，王国维还给写了序，说：“他日所得，必将有进于是编者，余虽不敏，犹将濡毫而序之。”

20世纪30年代初，吴其昌撰《殷先王先公三续考》，欲刊于《燕京学报》，容庚则以为太武断。顾颉刚遂请钱玄同阅，钱读后云：武断处固有之，创获处亦殊不少，识力堪与郭（作者按：即郭沫若）相伯仲也，大可登得也。遂刊发。

吴玉章曾任成都高师校长，给学生讲“经济学”，他每次上课总抱一大堆书去，到时，翻开书讲一段。吴备课十分认真，他对学生说：“你们将来一定要同经济、政治碰头的，不学经济，不知中国将来前途怎样走。”姜亮夫在《忆成都高师》一文里说他后来也偶然系统地看一点经济书籍，这是得吴先生的启发。

姜亮夫从成都高师考取北师大研究科，读了一两个月，觉得北师大图书馆书多，先生们的名声又大，很满意。后来听说清华大学入学考试极难，年轻人的好胜心又被激发了起来。当时清华国学院还没发榜，姜去补考，遂被录取。

方龄贵考入西南联大历史系，醉心文艺创作，结识沈从文。沈从文借给方龄贵一册商务印书馆出版的《元朝秘史》，本意是要方看看书中的情节，感受文字的古朴清新、生气勃勃。结果方读了这书，深为书中所铺叙渲染的蒙古草原的磅礴气势和粗犷风情所吸引，又联想起在故乡郭尔罗斯前旗的种种经历，倍感亲切。方龄贵说“不料想这竟成为我后来研治蒙古史的先河”。

饶毓泰，1922年以研究气体放电的论文获美国普林斯顿大学博士学位，后来又访学莱比锡大学、波茨坦大学等，从德国返回，开创了中国光谱学研究的先河。30年代饶毓泰执掌北京大学物理系，延聘人才，整理课程，添置设备，将教师的上课时间减少一半，用于自行研究，对学生提出“少抱怨多学习、少受教材束缚多创新精神、少好高骛远多脚踏实地”的要求。不几年，就把当时走下坡路的北大物理系领入了复兴的大道。当年的学生后来回忆说：饶毓泰“是一个不爱多说话的人”，“每天早上穿着整洁的西服，高跷腿儿坐在洋车上直达二院的，便是他”。学生还说：“物理系的各种实验，可真是令人头疼，要把得数做到分毫不差，那简直是妄想。”“总之，理学院同学的生活是机械的、呆板的，性情也是固执的、冷酷的。正因为如此，他们没有阔少气，没有名士派头。”

数学家、清华教授杨武之，1919年毕业于北京高等师范学校（今北京师范大学前身）数理部，后考取“庚子赔款”留美，在芝加哥大学数学系师从数论名家迪克森，研究代数学和数论，以《华林问题的各种推广》而获博士学位。杨武之是近世中国以代数学研究获美国博士学位的第一人。

杨武之先生有很敏锐的洞察力，善于识别人才；一旦发现人才后，又善于引导他们，为他们的成长和发展创造条件。

1930年，杨武之先生从华罗庚的论文《苏家驹之代数的五次方程式解法不成立之理由》里看出华是难得的人才，华罗庚破格到清华工作，杨先生也是起了很大的作用。

华罗庚到清华后，最早是跟杨武之先生学习研究数论，发表了十多篇论文。杨先生看出华罗庚是一位很有发展前途的青年，不久就鼓励他研究当时新发展的解析数论……以后又支持帮助他到英国剑桥大学去跟随名师哈代深造。1938年，华罗庚从英国剑桥归国，尽管华没有学位，杨先生以数学系主任的身份，根据华研究的卓越成绩，向学校提出越过讲师、副教授两级破格聘华为正教授，华当时才28岁。华罗庚曾说："古人云：生我者父母，知我者鲍叔。我之鲍叔即杨师也。"

陈省身1934年从清华研究院毕业，导师孙光远教授已去南京的中央大学任教，系主任熊庆来又休假去法国读博士。杨武之先生以为人才难得，遂以代理系主任的身份，为陈争取到清华公费出国留学两年的机会。清华公费出国留学是要留美的，但陈想到当时几何学的研究中心德国汉堡大学随几何学名家W. Blaschke学习，杨先生又帮助陈办理改派赴德的手续。

杨武之先生1928—1929年在厦门大学任教时，发现柯召是数学系的尖子生，极有发展前途，就推荐他于1931年转学到清华。柯在杨先生影响下，对数论发生浓厚兴趣。杨先生又根据柯的兴趣和条件建议他到英国曼彻斯特随著名数论学家莫德尔学习。柯后来成为我国数论和组合论方面的带头人之一。

闵嗣鹤是杨武之先生在北师大兼课时教的学生，杨先生发现他的数学才华后，就聘他为清华助教。后来闵嗣鹤与华罗庚合作，成为解析数论在中国的创始人之一。

1929年，因王国维、梁启超相继去世，陈寅恪请校方聘陈垣为清华大学国学研究院导师，陈垣以“不足继梁、王二先生之后”为由，再三恳辞。

1936年1月17日，陈垣在给陈述的信函里写道：“得兄来书，具见近来闻见日广，心胆更虚，所谓学然后知不足，必然之过程也，可贺可喜。惟愚见只要小心，胆不妨大。少年人应保存少年人气象，不必效老年人之多所顾忌也……”并赠以绝句一首：“师法相承各主张，谁非谁是费评量。岂因东塾讥东壁，遂信南强胜北强。”陈述是陈垣在北师大史学系教过的得意弟子。

陈述回忆，陈垣曾经谈道：“江浙文风盛。一般说来，是指的科举人才多。而北方出学者。我看到过一本书，是张之洞十二岁刻过的诗文集《天香阁十二龄刻草》，有诗有文，不是八股。张之洞的《书目答问》，告诉你什么是学问，怎么作学问，指导一代文风。张之洞是河北人，说明北方学者是很出色的。”话里暗含着陈垣对北方出生的陈述的鼓励。

刘盼遂曾在清华国学院读书。他后来对卞孝萱说，在老师陈寅恪课堂上听的东西，好像收益并不大，但有的时候陪陈寅恪出去，路上或坐下喝茶的时候谈谈，随意的谈话中却能得到很多有益的启发。

钱学森在北师大附中读书，在班上个子最小，坐在教室第一排。钱学森聪明而顽皮。有位老师总爱拖堂，占用学生的课间时间。钱学森就从家里带来一个闹钟，上好弦，放在讲台上老师的帽子下面。下课铃一响，闹钟也铃声大作，老师只好匆匆下课。

钱学森晚年说：“我对师大附中很有感情。在我一生的道路上，有两个高潮，一个是在师大附中，一个是在美国读研究生的时候。”师大附中，即北师大附中，1923年至1929年，钱学森在这里度过6年的读书生活。1935年至1939年，钱学森先后在美国麻省理工学院和加州理工学院读研究生。

历史学家、民族学家黄现璠曾先后就学北师大、日本东京帝国大学研究院，是东京文献学派第二代重要成员。黄现璠后来说：他二三十年代在北师大读书期间，那年头，北师大的一些教授习惯将自己的研究成果先给自己喜欢的学生看和请提意见，学生看后提出一些意见或写成文字，实是习以为常之事。倘若学生读后只会奉承，谈不出真知灼见，只能表明学生没有认真细看老师的作品而在敷衍了事，老师反而不喜欢。民国时期的大学里，教授和学生“敢于犯上”，实为一种常态。黄现璠说，当时北师大历史系主任王桐龄撰著的《中国民族史》1928年由北平文化学社出版，王先生送了黄现璠一册，并嘱他读后写一文，算是作业。黄现璠读后，写了6条意见，表达了自己的不同认识。黄将读后感交给王先生，王先生看后在上面批了几句话，大意谓：黄生不用再来听我的课，在我这里已经毕业。但还是欢迎黄生时常来我家蹭饭……期待黄生今后写出自己民族的历史。1935年黄现璠从北师大研究所毕业，留学东京帝国大学研究院，王桐龄先生将他自己当年留学东京帝大文学部时的老师池内宏教授介绍给黄现璠认识。

鲁实先，少年时先后入长沙明德、大麓两中学读书，不喜科目浅杂、校规束缚而退学。后随宦游伯父到杭州，在文澜阁两年读完《四库全书》主要部分，又经族叔父介绍到北平图书馆攻读。1940年，鲁实先撰著《史记会注考证驳议》，杨树达先生说他“立说乍视若至可惊，有如云中天马，破空而来。及其广征博引，枝叶扶疏，又如钱塘江潮，万头俱至”。1942年，杨树达将鲁实先推荐给复旦大学中文系系主任陈子展。鲁实先无文凭、无资历而任复旦教授，时年不到三十，师生皆以“娃娃教授”称之。

杨振宁、张守廉、黄昆是西南联大研究生同学，是联大著名的“三剑客”。有一段时间，他们三人分享昆华中学一个代课老师的职位，合住一间宿舍，每天一起上课，课后一起泡茶馆，切磋学问，还谈天说地，议论天下一切事情，晚上躺在宿舍里他们还在继续讨论和辩论。黄昆后来说，认识杨振宁和张守廉是对他一生最有影响的事；杨振宁后来则说，西南联大期间培养了他在物理学里的爱憎。

考古学家苏秉琦20世纪20年代末30年代初中期在北师大读书6年，2年文预科，4年历史系本科。后来他多次说，这6年对他太重要了。苏先生还说，当时北师大采取主、副科制与学分制相结合的措施，使学生既有专长又知识广博，触类旁通。开设大量选修课，既扩大学生视野，又使各科学生在学习、生活中相互影响，文理科学生可以交叉选课，使得文科学生也机敏，理科学生亦儒雅，体育科学生尚斯文。苏秉琦选修了声乐、器乐、图画、西洋艺术史与美术史等课程。

亚东图书馆标点出版西周生《醒世姻缘传》，胡适给这部书写长篇序言，考定此书作者西周生就是清代写《聊斋志异》的蒲松龄。孙楷第虽尊胡适为师，却并未随声附和，撰写了万字长信，表达不同的看法，当然孙的措辞还是客客气气的。

20世纪30年代，教育家李建勋曾担任北师大教育系系主任。学校设“论文研究”一科，以之培养学生独立研究的能力，并以论文提交及良否为毕业与否的条件。教育系严格执行此规定。当时四川省某著名权要的女儿毕业于教育系，因其未按规定提交论文，学校未发给她毕业证书。时隔多年，她父亲一再托情希望给他女儿证书，李先生以碍于规定，并未因其是著名权要而有所通融，终未发给毕业证书。许椿生1935年毕业于北师大教育系，毕业论文题目是《大学教育系之课程》，分析、比较10所大学教育系所设课程，提出批评及建议，是一篇优秀的毕业论文。李建勋先生即将此论文推荐刊载在当时的学报《师大月刊》第20期（1935年7月出版），以后一直和其他几篇优秀的毕业论文陈列在教育系数据室专柜，供同学们参阅。

熊十力住杭州广化寺时，慕马一浮之名，想求见，找好几个人帮忙介绍，都不愿意，意思是：马一浮谁都不见，还会见你？熊十力就自己写了一封信，附上著作，直接找马一浮。很久没有回音，熊十力大为生气，心想世界上有这样的人，我熊十力要见他，他却不见的吗？终于有一天，马一浮来了，熊就问："我写信给你，你为什么不回信？"马说："如果你只写一封信，我就可以马上回信；但你附了著作，我一定要读完才能回。现在我不是来了吗？"从此两人成了好友。

钱玄同和高步瀛同在北师大任教，学术见解不同，但私交甚好。五四时，钱提出"选学妖孽，桐城谬种"的口号，但高大不以为然。有一次给学生讲《文选》时，高忽然大声发起脾气来，说：有人曾说“选学妖孽，桐城谬种”，谁是“妖孽”？谁是“谬种”？他们懂吗？——声色俱厉，大声斥责一阵之后，又慢慢平静下来，说：这也难怪，有些文章还作不通的人，就自吹自擂是庾徐复生、方姚再世，吹嘘自己是骈文家、古文家，胡说一通，招摇过市。这是骈文、古文的末流、败类，不能怪《文选》，怪方姚。有人提出要打倒他们，也是情有可原的。但学校每年发聘书时，系主任钱玄同总是到高先生家亲自送上教授聘书，以示尊敬。

西南联大的学生生活艰苦，外语系教授陈福田就去美国募捐，设立檀香山奖学金，奖给总平均成绩在80分以上的学生。

数学家、北师大数学系教授傅种孙爱才，像闵嗣鹤、赵慈庚、王世强、梁绍鸿等都曾得到傅先生的帮助和提携。闵嗣鹤日后成为解析数论名家，王世强是我国数理逻辑等领域的学术带头人，赵慈庚成为有名的数学教育家……但傅先生对能力较弱的学生也很关心，他对一些天资平庸的学生说过：“人家卖米，咱们卖糠，世界上也要用糠啊。”他的意思是说，每个人都有一份力量，只要把力量用在正路上，都能给人类增加幸福。

学者若是有心人，多学科学者的相互交往是可以催生新的研究方向和新成果的。物理学家钱临照和历史学家、考古学家徐旭生是至交，抗战时在昆明，钱临照常利用和徐旭生见面的机会，借阅大量的古文献资料，发现了墨子对于光特性的叙述，还发现了古人对于“地动”的认识，这些都为他后来与英国科学技术史专家李约瑟的合作打下了基础。俞德浚是杰出的生物学家，是苏秉琦的至交，两人均毕业于北师大。抗战时期在昆明，苏秉琦有意地从俞德浚那儿仔细了解植物分类方法，直到1983年，苏秉琦还向俞德浚了解植物区系分类的含义。苏秉琦思索和提出的考古区系类型学说，很可能也从俞德浚给他讲述的植物分类学知识中得到启示。

林风眠教过的学生里，有后来成为优秀画家的，如吴冠中、李可染、赵无极、董希文、席德进、苏天赐……林风眠鼓励学生释放天性。后来成为美学家的洪毅然，在西湖国立艺专上学时绘画拘谨，林风眠劝他作画前先喝酒，这样就会狂热起来。林风眠的口头禅是“画不出来，就不要画，出去玩玩”。

艺专学生赵无极平时只喜欢西画，国画考试不到十分钟，在纸上涂了一个大大的墨团，题上“赵无极画石”，就收起画具扬长而去。老师潘天寿愤怒至极，认为是“目无师长，戏弄国画”，向校方提出开除赵无极。林风眠欣赏赵无极的才情，遂劝说潘天寿：“赵无极逃课，考试不认真，是要严肃处理，但念其年幼无知，先由老师批评教育，看看态度，如果能认错，我看这次就不必开除了。潘先生你看行吗?”这番话既照顾到老师的尊严，又保护了值得培养的学生，使事态得以平息。

抗战胜利后，梁思成在北大讲“中国建筑史”课。学期终了，梁先生说：“课讲完了，诸位说说怎样考法?”听课的近20人，没一个答话。梁先生似是恍然大悟。于是说：“那就先看看有几位是选课的吧，请选课的举手。”没一人举手。梁先生笑了说：“原来诸位都是旁听的，谢谢诸位捧场。”说着，向台下作一个大揖。听讲的报以微笑。

宋史学界曾有“北邓南陈”之说：“北邓”，邓广铭；“南陈”，陈乐素。陈乐素，史学大师陈垣先生的长子。陈乐素又培养了徐规等宋史学者。徐规把自己的论文集定名为《仰素集》，意谓景仰陈乐素、张素痴（张荫麟自号）两位导师。

周一良治魏晋南北朝史前后二十几年，晚年回顾自己的研究，说和自己在同一个历史系里的诸位先生，邓广铭先生研究宋史面面俱精，王永兴先生研究唐史步步深入，田余庆先生研究秦汉魏晋南北朝史好学深思，祝总斌先生研究秦汉魏晋南北朝史能观其会通。自己则没有对魏晋南北朝史的总体看法，也没有计划一个一个问题地突破，但在“通古今之变”上还是做了一些工作。又引西方谚语，说自己的学术研究“是各个行业的小伙计，没有一行是老师傅”。

陆宗达、姜亮夫两先生交情深厚。20世纪80年代初，陆宗达到杭州开《汉语大词典》顾问会议。会议结束，陆先生准备返回北京，和姜亮夫等已经道过别，坐进了汽车，姜先生又走过来，拉开车门说：“颖明，我再看你一眼！”陆先生1905年生人，姜先生1902年生人。后人听这故事，不能不起慨意。

1969年7月20日，美国阿波罗登月计划成功了。一群从北京到农村安家落户的“老三届”中学生当日在北京成立中学生现代数学研究小组（这个民间科学团体在70年代末被北京数学界的老前辈戏称为“五人小组”。这五人是：程汉生、王明、钱涛、张保环、王世林），请中国科学院的青年数学家韩念国做指导教授（正是韩在很短的时间内完成了对美国阿波罗飞船的轨道计算，使中国能追踪美国这一空前的试验计划，从而能有效地实时观测）。北京师范大学的数学家极为理解和支持这个小组的活动。从1972年开始，小组成员程汉生追随北师大数学系王世强先生学习数理逻辑、模型论、非标准分析。张保环则参加了苏玉田老师组织的“组合数学”讨论班。他们坚信一个民族在任何时候都需要科学。“十年动乱”结束后，五人小组的成员先后在国内外取得博士学位，从事数学、统计及计算机科学方面的科研、教学或专业性工作。

民俗学家、北师大教授钟敬文晚年时还指导民俗学博士生。他审读学生的论文，在他窄小的客厅，他坐在一把陈旧的沙发上，学生坐在另一把陈旧的沙发上；学生读论文，自己闭目而听。突然，他完全睁开了眼睛：停停，这里有……于是把学生论文中的问题一一指出来，或者大声称赞此处很有新意但要加以补充，或者站起来找一本书，准确翻开其中的一页，发挥其中的观点，供学生参考。

词学大家夏承焘从善如流。《唐宋词人年谱》书稿，夏先生友人顾学颉提出作序跋及修改意见。夏先生 1954 年 11 月 2 日致信接受这部书稿的上海新文艺出版社，信中写道："昨接人民文学出版社友人顾学颉兄函，言作序跋事，兹遵其所嘱作自序一篇附上，请加入全书末页。……顾君来函又指正一事，兹附上原函，请费神代为更正……"夏承焘先生 1956 年 1 月"颇思扩大年谱体裁"，写白香山诗史、陆放翁诗史二书。夏先生与徐步奎先生谈，徐先生不主张用诗史之名，说"可即名曰白居易全集"。夏先生斟酌后，采纳徐先生意见，添加"编年校笺"四字，后来写成《放翁词编年笺注》。夏承焘 1960 年 11 月 12 日的日记里说："上海中华书局（案：即中华书局上海编辑所）寄来白石词论打样，提出意见数条，皆甚中肯，不知出自何人手笔。"1961 年 2 月 23 日日记载："得胡道静上海函，又寄来词人年谱材料四张，其意可感。”

李学颖是学者型编辑，自己所集评标校的《吴梅村全集》质量甚高。李学颖编辑图书，功力深厚。她为钱仲联的《后村词笺注》补漏增完，纠正错注近百条，深得钱仲联先生的推许，钱先生称赞她是“当代照圆”。照圆，即王照圆，清末女诗人、训诂学家，她帮助丈夫郝懿行缮清整理《尔雅义疏》书稿。郝懿行说，在自己的著作中宗“照圆说”甚多。王遽常的《顾亭林诗集汇注》书稿也是李学颖责编，王遽常说她“商榷体例，复审资料，莫不心细如发，目利于刃，真编辑中之巨匠也”。评价极高。有编辑曾感叹说他从陈振鹏、李学颖老师那里学到的知识，是自己在大学里学不到的。

哥廷根大学每年选一个“杰出校友”，2008年是季羡林。季羡林1935—1945年在哥廷根大学学习和研究，1941年获哥廷根大学梵文博士学衔。2008年9月27日，哥廷根大学授予季羡林“2008年哥廷根校友荣誉称号”，以表彰他撰写《留德十年》一书，证书上写道：“上世纪80年代，他撰写《留德十年》，为哥廷根大学在中国塑造了形象，由他描述的德国学术生活对中国的影响更是一直延续至今。”证书落款：哥廷根大学校长库尔特·冯·费古拉教授、博士。

“赵城金藏”是国家一级文物，与“敦煌遗书”、《永乐大典》、《四库全书》并称国家图书馆四大镇馆之宝。季羡林的研究生王邦维做硕士论文得看“赵城金藏”，但他不够看这部国宝的资格。北京图书馆（1998年更名为国家图书馆）对他说：季先生这种人物可以看。王邦维跟季先生说了，季先生就带着王邦维去文津街的北图。拿到“赵城金藏”之后，季先生只是大致看了一下，就交给王邦维去阅读，自己则坐在王的身旁看《罗摩衍那》的校样。

卢向前在北大读研究生，季羡林托他代为查阅一份敦煌卷子。为了表示感谢，季先生一天中午特意到杂乱不堪的学生宿舍，邀请卢向前吃饭。据说这事当年在北大引起了轰动。

外国人如何读《红楼梦》里的故事呢？北京大学教授吴组缃曾经给一个捷克留学生一对一地讲了一年《红楼梦》。学生学完后问：“吴先生，《红楼梦》所有的问题我都弄明白了，只有一个问题没弄明白：大观园里有那么多珍宝，贾宝玉和林黛玉为什么不卷包而逃呢？”无独有偶，山东大学教授马瑞芳也曾给一个日本学生讲《红楼梦》，她讲到“意绵绵静日玉生香”，该生大惑不解，问：“老师，您总是说贾宝玉和林黛玉的爱情是没有结果的，是个大悲剧，它有什么悲剧可言呢？您看这一段贾宝玉和林黛玉他们两个不是已经上床了吗？”这或许也反映了中外之间的文化差异。

数学家、北师大教授孙永生指导学生写毕业论文，发表时都是学生独立署名。有时候学生也希望把孙先生的名字一起署上，都被孙先生拒绝了。除非论文中确有一半研究工作是他亲自做的，才会联合署名。有学生希望与老师联合署名，但孙先生淡淡地说："做科学要实事求是，结果是谁的就是谁的。"

牟宗三、徐复观、罗梦册、全汉昇、严耕望同为新亚研究所导师，风格各异：牟宗三高旷潇洒，随处透出生命的清光，不屑细务，大似魏晋人物；徐复观时发伟论，激昂慷慨，不失政论家风采；罗梦册意念高远，超乎流俗，充满理想主义精神；全汉昇渊穆寡言，兢兢自守；严耕望要言不烦，言必有中，对研究生之学习情形最为关切。

阴法鲁在西南联大以《词与唐宋大曲的关系》做研究生毕业论文题目，毕业后即任西南联大文学院中国文学系唯一的"研究助教"，而不是单纯的"助教"。据说只有阴法鲁懂这门学问，别人不会，系里也不安排这样的课，给谁当助教也不行，于是只好自行研究了。

王重民先生学问大，但不太会讲课。"十年动乱"后期，白化文因事常赴王重民府上请教，益发领会王先生学问之大。白化文因此体会到：专家未必会讲课，最好有问题当面请教。

白化文说他读大学时，系里的正规课程，旁听过俞平伯先生的几节分析宋词（主要是"清真词"）的课，觉得还是看后来出版的《清真词释》言简意赅。从此，逐渐养成不爱听正课却总想坐在老师的客厅里听“神哨”的“恶习”。不过，白先生说归这样说，还是劝青年人以他为“反面教员”，还是要“好好上课”。

抗战结束后，黄永年考大学，想读光华大学历史系，因为吕思勉在那儿做系主任。但光华是私立大学，学费很贵。有人问黄永年为什么不去考复旦大学呢？黄不以为然，他母亲那一代人以前讲到复旦都很鄙视，因为抗战前复旦是私立学校，说它是野鸡大学。后来有人对黄永年说，复旦现在是国立大学了，不收学费。黄永年才去投考复旦史地系。国文试卷题目是《孔子与墨子》，中文系主任陈子展给黄的卷子打了100分。陈先生后来说他生平曾给入学国文试卷打过两个100分，一个98分，100分其一为黄永年，98分则杨廷福也。

史学家黄永年亦善书，他与弟子说他遇到写不好的字，就看看启功先生是怎么写的。黄永年品评启功字：“唐碑，吸收宋人米蔡字体，不是宋流行的颜字，瘦，很好看。”又说：“《启功丛稿》倒是真正的《广艺舟双楫》，看了以后可以眼高。”《启功丛稿》收录启功先生有关中国古代文学、语言学、书法、绘画等方面的论文、札记、序跋近百篇，中华书局1981年12月初版，陈垣题签。

黄永年极敬重自己的老师吕思勉、顾颉刚，尝说自己在北朝后期以至隋唐的研究做出点贡献，和自己受业的复旦大学历史系并无太大的直接关系，最初全凭老师吕诚之（思勉）的引导。

严耕望推重吕思勉、陈垣、陈寅恪、钱穆为“前辈史学四大家”，而尤以吕思勉为第一。吕思勉成名之后亦不设教于一流学府，但严耕望说吕思勉先生：“我想象他一定是一位朴质恬淡、循规蹈矩、不扬露才学、不争取名位的忠厚长者。无才子气，无道学气，也无领导社会的使命感，而是一位人生修养极深，冷静、客观、勤力、谨慎、有责任感的科学工作者……”这段话里，应该也寄寓了严耕望自己的学术和人生理想。

严耕望、钱树棠、郑昌淦为大学同学。记听课笔记，钱树棠书写快捷，所以笔记完备；严耕望听讲虽专心，笔记却甚简略。郑昌淦以此取笑，严耕望则答以陆九渊诗句“简略功夫终究大”。

严耕望在安庆高级中学念书，课外喜读书。有一回读《尚书古文疏证》，被训导主任告诫：“你看得懂吗?”但严耕望喜欢硬闯，好书不懂也要读，总看得懂几分，所以乐此不疲。

哲学家沈有鼎教授很喜欢和人讨论哲学问题，简直到了入迷的程度。西南联大时期，他常常在联大后面文林街上的茶馆或小饭馆里和人讨论。他总是提着一个小小的破旧箱子，里面装了书和钱。据说，如果沈先生觉得你的意见有意思时，他可以出钱请你喝茶，还肯让你吃他买的花生或瓜子。

周作人1943年写《怀废名》，其中说到废名和熊十力争论的故事：一日废名与熊十力论僧肇，两人大声争论，忽而静止。进去一看，则他俩已扭打在一处，不一会儿废名气哄哄地走出。但到了第二天，废名又来与熊翁讨论别的问题了。

顾随幼承家学，后来报考北京大学国文系，校长蔡元培亲自审阅学生的入学试卷，发现顾随国文水平卓异，于是找顾随来谈话，说如果再读国文系不一定能在学业上有更大突破，建议改学西洋文学，以求扩充眼界，拓宽知识领域，这样才能在今后的中国文学研究上取得重大成就。顾随听从蔡先生的建议，到天津的北洋大学读了两年英文预科后转入北大英文系，而后融汇中西，卓然有成。

复旦大学历史系教授周予同和蔼可亲，待人有长者之风。周先生上课不用讲稿，口若悬河，滔滔不绝，只有写大段板书的时候才看一下笔记本，很有个人风格。吴浩坤后来曾担任复旦文博系主任，晚岁忆旧，说自己上世纪50年代念大学时对周先生开的“历史文选”课很感兴趣，当时想追随周先生搞经学史。系里毕业分配，吴浩坤被分配考周先生的研究生，方向是“中国古代史学”。周先生看吴来自农村，经济比较拮据，为吴着想，曾经两次劝吴不考他的研究生而改当他的助教，这样生活比较稳定，经济也有保障，但吴想多读点书，后来还是考了周先生的研究生。没想到1957年“反右整风”，吴突然被划成了右派，周先生也爱莫能助。“十年动乱”初期，吴不仅穷，粮食也不够吃。周先生当时也困难，工资被冻结，还好几次把剩下的粮票20斤、30斤地塞给吴，有时附上30元钱，让吴买粮食。吴浩坤说：“这样的恩情，我是永记不忘的。”

孙楷第在北师大国文系读书，杨树达教授让孙帮他校勘刘昼的《刘子新论》。杨树达用的是《汉魏丛书》本。藏书大家傅增湘将所珍藏的明代子惠本、吉府二十子本，送与孙楷第。孙以好的本子作为参证，《刘子新论》校勘甚精。杨树达先生对孙的校勘很满意，就对孙说：“你做得很有成绩，自己独立吧，就不算帮我了。”于是，这部稿子就成了孙楷第的第一次治学实践成果了。

王利器1940年四川大学毕业，北大文科研究所招生，王利器将他那部获教育部首届大学毕业会试满分的书稿寄到昆明去报考，由于战时邮路不畅，接到要他去重庆中英庚款管理委员会参加考试的通知时，已过考试日期。傅斯年时兼中央研究院总干事、北大文科所所长，他对迟到的王利器说：“你来了很好，试卷还在我这里，你就在我的办公桌上答卷吧。”答卷时，日机轰炸，一个上午前后七次进防空洞，到中午12点，题目才答了几行。中央研究院朱家骅院长、四川大学原校长任鸿隽和傅斯年、王利器共进午餐，傅斯年对王利器说："敌机轰炸，危险得很。你明天回江津去吧，不要考了。我告诉你，你即使不来，我们也决定录取你了，还准备给你中英庚款的奖学金呢。"

日本汉学家内藤湖南1899年访学中国，时戊戌变法刚败，中国正在人人钳口之际。内藤湖南往天津见严复。严复时任水师学堂总办，议论纵横，不惮忌讳。内藤湖南说严复眉目之间有英爽之气，"为此地方第一流人物也"。

章太炎避难东京时，曾在民报社讲《说文》。据周作人回忆，太炎对于阔人要发脾气，对青年学生却是很好，随便谈笑，同家人朋友一般。夏天盘膝坐在席上，光着膀子，只穿一件背心，留着一点泥鳅胡须，笑嘻嘻地讲书，庄谐杂出，看上去好像是一尊庙里哈拉菩萨。

傅筑夫中学时代对学习理科，特别是化学有极浓厚的兴趣。1921年他报考北京高等师范学校（今北师大前身），本来可以填两个学科志愿，他只填了一个第一志愿：理化部。可是入学一个学期后，他开始对文科发生更加浓厚的兴趣。那时学校实行选课制，系科的界限并不严格，傅筑夫提出转系科的申请，很快获得批准。此后，傅筑夫受业于名师，由大文科而渐至中国经济史，终成中国经济史一代名家。

陈述在北师大历史系念书，著《金史氏族表》。陈垣先生在一个小型集会上把《金史氏族表》交给陈寅恪等两位先生看，并请估计作者的年龄。寅恪先生看了以后说："可能在四十左右。"陈垣先生说："他只二十一二岁，是我的学生。"寅恪先生说："你让他跟我见个面。"陈述于是到西四姚家胡同陈宅。陈宅看门者是位老年人，用旧规矩，把名片举在右肩膀上，导客入室。寅恪先生对后辈陈述，倍极勉励，说古谈今，诚恳热情。临别还说："平日我在清华园，周末进城，以后再来。"1934年秋末，傅斯年约陈述到北海静心斋史语所谈谈，希望陈述毕业后能到所里来。第二年4月，陈述就进了史语所，此后专心于辽金史和北方民族史，卓然而成一代名家。

夏元瑜晚年在台湾回忆他小时候在北师大附中念书时的情形。夏先生说："那时候北师大附中的老师待遇好，他们也不去别处兼课。每班25人，缺了也不补……老师好，学生少，教得哪有不仔细之理？"夏元瑜后来考入北师大生物系。夏元瑜说，我"今天能改行写稿"，未尝不是北师大附中学习那段时间里"受师长之赐。现在学生两周做一篇文，我那时一周做两篇文"，班级学生人数这样少，老师"安有不细细指点之理"？

夏元瑜从小爱动物，早就立了志，将来非入生物系不可。北师大生物系建系早、设备完善，那时是全国最好的。夏元瑜生物学考得好，得偿所愿，考入北师大的生物系。夏元瑜说，“大概正因为我们全是真正的志愿，不是为了学分才上课，当然努力不懈。天天在实验室里正是怡然自得，好像‘化求知为娱乐’”。

北师大中文系杨占升教授不遗余力帮助新锐学子。王富仁在北师大博士研究生毕业时，已是两个孩子的父亲，母亲年过七旬。“北京米贵，居大不易”，王富仁想回老家山东教书。杨占升先生亲自找了王梓坤校长。根据王富仁家庭的实际困难，王梓坤校长答应给王富仁两居室的房子，并将家属借调到北师大。但王富仁留校之后，去找房管科，房管科说没有两间一套的房子。杨占升先生每天晚上散步的时候，就到各宿舍楼去观察，终于发现工6楼的一套房子，从来没有亮过灯。爬到5楼一看，是间空房子，就又去找王梓坤校长。王梓坤校长将这套房子特批给王富仁。王富仁也终于留在了北师大。

北师大数学系教授白尚恕先生，中国算学史知名学者。20世纪80年代初，白尚恕先生带数学史研究生时，他的《〈九章算术〉注释》尚未出版。为便于学生研读中算史，他将这部书稿给学生阅读。学生阅读中对这部书稿的一处注释提出不同看法，而此时这部书稿已经出版。白先生鼓励学生把自己的看法写成文章，又仔细审阅，以为观点可以成立，遂将该生此文以快件寄送吴文俊主编《中国数学史论文集（一）》的几位审稿人，获审稿人一致认可。就这样，学生向导师的观点提意见的一篇习作被导师本人推荐发表在代表当时中算史研究最高水准的论文集中。

李我生（锡馀）20世纪20年代在北大国文系读书。有位教中国通史的讲师，水平稍差。一天上课，这位教师讲了十几分钟后，李锡馀忽然走上讲台，向其深深一揖，说道：希望老师今天就辞职，回家读十年书，再来上课，因为某某、某某等处都讲错了。这位老师风格也高，下课之后，二话没说，向教务科送了个条子转呈校长辞职走了。

阮湘，早年留学日本京都帝国大学学习政治经济，著有《殖民论》。抗日战争中，去武冈竹篙塘参与筹建国立十一中，任初中部主任。一天，有个学生犯错，训导老师让这个学生罚站。阮湘先生看见了，说：学生有错，师有同过。师也应罚站，本人作为主管，同样有过，亦应罚站。于是，校园内出现了这样一道景观：学生、教师、主任三人罚站在此。

张申府、梁漱溟两人同年出生，张申府研究数理逻辑，梁漱溟研究佛教唯识论，虽学术兴趣不同，性格和生活方式有异，但不妨碍成为好朋友。梁漱溟晚年回顾自己的哲学之路，对美国汉学家舒衡哲说自己不懂外语，虽然曾经学过多年的英文，但很久没有用，已差不多全忘记了。张申府先生精通很多外语，亲眼看过和读过西方的东西，他的是第一手知识，自己在这方面受到过张申府先生很大的帮助。张申府则对舒衡哲说，梁所有的西方知识都是从他那里得到的，但梁对中国的影响比自己大。

曹旅宁撰《黄永年先生编年事辑》（以下简称《事辑》）一书，保存了黄永年先生月旦人物的许多材料。黄永年先生为文喜立异，对同辈学者少所许可。《事辑》编者整理的1986年黄永年先生讲授“古籍整理概论”课的“识语”，比如：“匡亚明的《孔子评传》不知怎样，但批评他的某人却是不学无术……”再如：“……某位老先生，书倒是看得不少，有些不懂装懂，他要编一部中华人民通史，头脑不清，是年老了，还是年轻时就不清，不懂文字学，搞什么《说文约注》，内行看了发笑，连吴梅村诗都不懂。”1986年“闲谈”记录中提到：“来先生学问平平。胡先生精于甲骨，惜范围太窄，为人乃是所谓君子……韩先生跳不出教科书的框框，所为也多教科书一类……岑先生，小考证，大了便出错，如对两税法的研究就错得一塌糊涂。”又如：“谢先生人很好，但他的学问有其先师梁任公的遗风，不深。周先生的文言文做得不纯……贺先生的考证，童先生讲是不行的。”“童先生”指黄永年先生的岳父童书业。《事辑》收黄永年先生致扬之水女士信，1998年6月8日信中说：“得读尊著《脂麻通鉴》，认为是此文丛（作者按：指《书趣文丛》第一辑）中上品佳作，较唐振常、朱维铮辈高明多矣。”《书趣文丛》第一辑收入唐振常《饔飧集》、朱维铮《音调未定的传统》两书。黄永年先生对当代学者的批评纠弹，绝不止于口头议论，他在文章里点名批驳、商榷过的学者还有罗振玉、钱穆、徐中舒、王仲荦、黄裳、邓云乡等等。黄永年先生才高学博，一些学者难入其法眼，是情理中事。不过，他对学者的称许其实也并不少，比如优劣并举的：“周祖谟《洛阳伽蓝记校释》是处理对校的范例。同时有人作了一册《洛阳伽蓝记校注》就不如了。”

美国地质学和古生物学家葛利普，在向中国引进西方科学方面起了重要作用。他强烈反对翁文灏接受官方任命的职务，特别是担任行政院秘书长。他逢人便率直地说：有许多能人可以胜任行政院秘书长的工作，但在丁文江之后再也没有人能像翁文灏那样熟练地领导地质调查所了。

颜惠庆曾任清廷驻美使馆参赞，在华盛顿大学施柯脱博士门下修习国际法等一年，平时又常向使馆顾问科世达将军请益，因此也结识了科世达将军的女婿蓝辛。蓝辛后来任威尔逊总统的国务卿，签订《蓝辛石井协定》。施柯脱博士和蓝辛也是好友。一次，施柯脱和蓝辛约颜惠庆到国务院吃午餐。颜惠庆满以为二人合请，菜肴必然相当丰盛，哪知不过是让颜惠庆分享他们带到办公室以资果腹的几个苹果和一些三明治与牛奶而已。颜惠庆因此感叹“真可谓‘高尚而简单的生活’”。

柳存仁教授在一篇随笔里说牛津大学的导师制：牛津大学本科学生每个礼拜除了上课规定的时间之外，要私下找导师听自己诵读这一周来精心写就的一篇文章，并互相讨论。导师沉甸甸地倚在有臂的椅子上，眼睛微闭，手指抵着一处，静如处子似的在等着一把抓住你论文里的漏洞、逻辑上的不通之处和无意中的疏忽。导师尽量地攻击他的学生，学生勇敢地、充满活力和想象力地为自己的学问和主张回护。这种辩论里，以导师之博学，他的月旦有时候是苛刻得不十分容易接受的；而学生对老师也用不着客气，不用顾虑学问以外的其他什么问题。

海外学者柳存仁20世纪60年代写的随笔《旅欧行简》里，关于英国大学的本科生教育写道：平常英国投考大学的人，只占全体学生总额的15%左右，所以英国的大学毕业生产量少，出品难，物以稀为贵，相沿成风，社会上对于从大学里获得初级学位出身的人，往往刮目相看。英国本土大学的数目也不多，算起来还不过十几所，不过每所大学都有相当悠久的历史和它的优良传统，这却是我们不应藐视的。

钱学森在麻省理工学院航空工程系读研究生，成绩优异。传说有一门课，教授出的考题非常难，绝大多数学生没能及格。学生决定向这位教授提出抗议。来到这位教授的办公室前，学生发现钱学森的考卷正贴在门上，钢笔写的试卷工工整整，没有一点错误，也没有一丝橡皮擦拭或涂改的痕迹！于是再没人向这位教授提抗议了。

钱学森曾对朋友说：美国人“一生下来手里就拿着活动扳手”。钱学森动手能力比较弱，他对理论研究更感兴趣，而麻省理工学院的风格是培养工程师而不是理论家，钱学森在麻省理工的学习并不感到愉快。在美国西海岸的加州理工学院，当时的名气没有麻省理工的大，但加州理工有冯·卡门主持古根海姆航空实验室，卡门以秉承德国式的理论思辨传统而著称。与麻省理工重视动手实践的经验大相径庭的是，加州理工更强调纸和笔，钱学森于是在完成硕士学业后，转投名气没有麻省理工大的加州理工攻读航空工程学博士，此后如鱼得水，深受冯·卡门的影响和器重。在冯·卡门的自传中，钱学森是唯一一个让他专门辟出一章来写的学生。

钱学森在加州理工学院获得航空工程学博士学位后，任教工程数学原理和喷气推进理论两门课，需要把精力从尖端研究转向教学，和许多教授一样，这使钱学森感到不快。他不认为教书育人是自己的主要任务。学生后来回忆，每次上课，钱学森急匆匆进来，一句话不说就开始在黑板上写板书，他是个非常严厉的人，从不回答学生的提问。一次，一个学生举手发问：“我不明白第二块黑板上的第三个等式。”钱学森根本不予回答。另一个学生问道："喂，你不回答他的问题吗？"钱学森只是说道："那是个事实陈述，不是一个问题。"另一次，一个学生问钱学森刚刚讲授的方法是不是"万无一失"，钱学森冷冷地瞪了他一眼，刻薄地答道："只有傻子才需要万无一失的方法。"学生们找到航空工程学巨擘冯·卡门教授那里，抱怨钱学森课堂讲授的内容太难。冯·卡门建议钱学森改变自己的教学方法，据说钱学森这样回答："我又不是在幼儿园里教书！这是研究生院！"钱学森一点儿都不肯退让，最后，冯·卡门只好请求年轻的助教替代钱学森讲课。这个材料出自张纯如著、鲁伊翻译的《蚕丝：钱学森传》。

历史学家李埏本科就读于北京师范大学，李埏子伯约后来在北京师范大学读了本科；李埏研究生读的是北京大学，李埏子伯杰后来在北京大学读了本科和研究生；李埏生前长期任教云南大学，李埏女伯敬后来在云南大学读了本科；李埏1957年受聘为中国科学院历史研究所（中国社会科学院历史研究所的前身）兼职研究员，李埏子伯重后来曾在中国社会科学院经济研究所任研究员。伯重、伯约、伯杰都承续父亲李埏的职业，成为教师。李伯重在一篇文章里说："似乎是命运的有意安排，家父年轻时的一些经历，分别在我们身上重演；他的一些梦想，也在我们身上变为现实。"

19世纪60年代成名的俄罗斯"强力五人组"的作曲

家——巴拉基列夫、居伊、穆索尔斯基、鲍罗丁、里姆斯基-科萨科夫，全都是自学成才的业余音乐家，比如：鲍罗丁在作曲之余还做着一份药剂师的工作；里姆斯基-科萨科夫是一名海军军官，他的《第一交响曲》就写于船上；穆索尔斯基参加过近卫军，在从事音乐创作之前做过政府部门的文职工作，后来，即使在19世纪70年代事业的高峰，因为喝酒的花销实在太大，也不得不接着干国家林业部的一份全职工作。

普希金长诗《鲁斯兰与柳德米拉》一问世，即震撼了年青一代，却遭受老一代的粗暴指责。大诗人茹科夫斯基阅读这部长诗手稿后，亲赠普希金一张自己的肖像画，并在画上题词："战败的老师赠予战胜的学生。"

安年科夫是文学批评家，比果戈理小4岁，做过果戈理的秘书，曾协助果戈理写作《死魂灵》。安年科夫后来又成为屠格涅夫的挚友。屠格涅夫把安年科夫视作最为值得信赖的文学批评家，作品定稿前总先送给安年科夫过目。

在加州理工学院，航空工程学巨擘冯·卡门是一位充满神秘色彩和矛盾的老顽童。他思维敏捷，可以在餐巾纸上片刻之间解开其他教授纠结数星期而不得其解的数学难题；生活上又是如此漫不经心，以至于系里的教授不得不共同出资替他雇一名司机，每日接送他进出校园，以免他自己在停车场倒车入位时把别人的车撞得坑坑洼洼。外出旅行时，他的朋友和助手必须紧紧跟着他，在他后面收拾被他到处乱丢的帽子和文件。他天性冲动而好奇，对手边的任何一种工具或玩意儿，总要摆弄一番才甘心。作为单身汉，冯·卡门有本事让每一个被他凝视的女人相信，她就是他的唯一。冯·卡门喜欢和漂亮的年轻女性合影，在演讲中插入大量的黄段子和荤笑话。他的一个学生回忆说："我们从来不让冯·卡门和我们的太太跳舞。"冯·卡门的家里也常常是胜友如云，高朋满座。不同的人对冯·卡门有不同的看法：母亲眼里他是温驯听话的好儿子，研究生眼里他是如父亲一般的师长，公众眼里他是可敬的科学家。多数人喜爱他，所有人都敬重他，但只有极少数人能够理解他。

俄罗斯大数学家阿诺德生前接受一本著名的数学与物理月刊的采访，当采访一开始就问到他怎样成为数学家时，阿诺德回答的第一句是："我最恨死记硬背。""我小学的老师告诉我父母，像我这样的低能儿将永远掌握不了乘法表。"然而，当阿诺德遇到了他一辈子铭记在心的第一个真正的老师后，他的数学才华开始显露。老师提出的数学问题是：从两镇同时出发相向而行的两位老妪，在中午相遇，再继续走向对方小镇，分别于下午四点和晚上九点到达目的地，问她们是何时起步的？这个题目如果以代数求解非常容易，但那时他们还没有学到代数。阿诺德用了相似性的理由发明了"算术”解，体验了发现的快乐。阿诺德说：“再次体验这种快乐的欲望才是我成为数学家的要素。”

日本青年学者山口昌男曾经写过学界的长老们是“承包商”之类的话，遭来一些人的反感。但是学界权威、东京大学泉靖一先生仍然认可山口的成就，泉靖一在和岩波书店的编辑谈话时，赞许山口说：“山口君行啊，虽然有点儿出格。”并促成山口在岩波书店的一个出书选题顺利成立。

经济学家奈特，学富五车，却不是称职的教师，上课东拉西扯，经常改变主题，但他对学生的影响既深且广，这主要来自指导学生写博士论文上。

经济学家温纳长期在财政部任高职，有学问有见识。不过此公上课过分严格，对温习不足的学生绝不留情，不仅令身受者难过，与闻者亦感尴尬。

后来成为经济学大师的斯蒂格勒，他在艾奥瓦大学教第一堂课，讲经济学原理，事前花了五六个星期的时间备课，哪知不到40分钟，便什么都讲完了。

麻省理工学院经济学教授金德尔伯格数十年教育生涯坚持六条原则，其中前三条原则依次是：让学生找得到你，因他们你才拿到工资；在写推荐信、写书评、摘引时应诚实；不做完美主义者，把书或论文改来改去，直到无懈可击才罢手，两稿，最多三稿就足够了。

金德尔伯格以学生为重，如果遇上与课程计划相冲突时，他会拒绝参加埠外召开的声名显赫的专业会议或拒绝接受埠外报酬丰厚的任务。

瑞典汉学家马悦然在不同的大学教了40多年中文。他说他最喜欢教的课是初学班的汉语音韵学和语法。他一直反对用课本教书，情愿选对学生的程度比较合适的真正的文学作品。用这种方法，学生们在初学时就会欣赏中文文学。

语言学家赵元任曾告诉瑞典汉学家马悦然，他有时用古代汉语给学生们教古文课。马悦然后来说，这个方法当然妙极了，“可是巨人赵元任去世后，哪里去找一个会用古代汉语教课的老师呢”？

马悦然说他的老师——汉学家高本汉，“是一个非常仁慈的人，他一发现他的学生遇到什么困难，就尽他的力量帮助他们渡过难关”，“他从来不用勺喂他的学生：他把他们看作在学术上的战友。他让我们听到巨大鹏鸟翅膀下飕飕的声音，让我们体验寻求真理之美”。

1948年，李政道的同学玛丽亚·格佩特-梅耶作了一个非常有意思的学术报告，报告内容是关于不同原子核的能级，报告试图解释为什么会存在一些神秘的稳定数。在报告将要结束的时候，费米问这个同学：有没有什么现象可以表示出轨道自旋相互作用的存在？这个问题造就了玛丽亚·格佩特-梅耶在几个星期之后的另外一个学术报告，以及她在这个课题上的第二篇文章。正是这个研究让她获得了1963年的诺贝尔物理学奖。李政道后来回忆说：费米这样的教，“完全是引导。他让你知道，虽然这不是你研究的问题，但你可以解决它。这影响了我一生：遇到问题我就会想，费米老师会怎么样”。李政道还说道：“要创新，需学问；只学答，非学问。”

1947年，年轻的哈里·约翰逊发现李嘉图《政治经济学及赋税原理》的一个数理错误。成千上万名经济学家阅读过李嘉图这部首版于1817年的名著，只有约翰逊发现这一错误。熊彼特立即建议约翰逊就此写一篇论文，随后又帮助他发表在1948年的哈佛《经济学季刊》上。约翰逊后来成为同辈中最有创见和最高产的经济学家之一。德国经济学家奥斯卡·摩根施特恩说：没有谁能像熊彼特那样诚恳地鼓励别人。

大胆的萨缪尔森在熊彼特的高级经济理论课上，直言不讳地纠正熊彼特犯的一些错误时，熊彼特从不会发火，他会鼓掌表示欢迎，他爱才如命。熊彼特曾写信给哈佛一位系主任：“我确信萨缪尔森是我们这些年中所见过的最有才华的研究生。”

熊彼特在哈佛讲学，走进坐满学生的教室，接下来脱掉他的名牌大衣、浅顶软呢帽，慢慢地，在每位学生的注视下一个手指头、一个手指头地脱去手套，所有这些简直有些戏剧化。紧接着，熊彼特会在黑板上写下一些东西，快速在教室走一圈，然后开始讲课。他讲话时的维也纳贵族口音让人觉得他完全是在即兴发挥，但实际上每堂课他都会做精心的准备。他讲课时从来不用教案，他的博学让学生惊叹不已。他从来不讲笑话，但他总会以某种方式让整个课堂妙趣横生。萨缪尔森回忆说，“他带你走出了平面枯燥的教科书，走进了生动活泼的经济学和经济学家的三维世界。”还有学生回忆说：熊彼特在给学生答疑时，即使学生提出的是最愚蠢的问题，他也会和蔼以对。熊彼特从来不把自己的观点强加给学生，他喜欢咖啡屋闲谈式的知识争辩。在课堂内外，他都发表支持争议双方的雄辩观点，他关心的是尽力去培养和激发学生的思维。畅销书《小的是美好的》作者舒马赫，是熊彼特在波恩大学教过的学生，舒马赫说熊彼特给学生“提供了无限鲜活的知识”。熊彼特不希望自己在给学生讲课时下结论，他说：“如果我有某种作用的话，那么我希望不是去关门，而是去开门……”

吴趼人著述勤奋，1903年至1910年七八年间创作了19种长篇小说和大量中短篇小说、小品及随笔，超过330万字。吴趼人说自己：“我佛山人，终日营营，以卖文为业，或劝稍节劳。时方饭，指案上曰：‘吾亦欲节劳，无奈为了这个。’或笑曰：‘不图先生吃饭，乃是咬文嚼字？’”

郑鹤声是柳诒徵先生的弟子。郑的大学论文，柳先生批了“一时无两”四个字，传为佳话。

阮性存，法学家，早年留日，归国后曾在杭州创办浙江私立法政学堂。阮性存在杭州执业律师时，有一次，法官一定要造成一件冤狱。阮性存对法官说：“一般人不相信法官，而相信城隍菩萨。但如果要知道冤狱对于国家民族影响之大，最好还是到岳庙去，想想当年‘莫须有’三字所造成的后果。”法官为阮性存的话所感动，终于将案情平反。

吴经熊，留美，受业法学泰斗荷姆斯法官，精通法律和中西文学。北伐后，吴经熊曾任职上海临时法院院长。在任内，公共租界内破获一件国际大赌窟的巨案，此案由他担任审判长而定谳，判处了一些可由中国法律管辖的外国人。吴经熊也为此喜不自胜，他在不到四十岁的时候，便给自己写下墓志铭：“这里躺着的，是曾在上海法院院长任内判处同孚路五号国际大赌窟案的吴经熊法官。”云云。

西湖诸山多竹，因而多笋。湖上诸寺，素斋离不开笋味。余绍宋曾对庙中方丈说：“法师餐餐请我吃笋，真是吃得我胸有成竹了！”

陈寅恪1919年在哈佛读书时，曾和吴宓说情爱之五境界：“一，情之最上者，世无其人，悬空设想，而甘为之死，如《牡丹亭》之杜丽娘是也。二，与其人交识有素，而未尝共衾枕者次之，如宝黛等及中国未嫁之贞女是也。三，又次之，则曾一度枕席，而永久纪念不忘，如司棋与潘又安，及中国之寡妇是也。四，再次之，则为夫妇终身而无外遇者。五，最下者，随处接合，唯欲是图，而无所谓情矣。”

1923年4月6日，钱玄同在日记里写道：“我最近觉得‘东方化’‘西方化’的说［法］实在不能成立。……赛先生绝对不能［是］西洋人所私有，的的确确是全世界人类公有之物，所以说这是‘西方文化’，实在绝对不通，这分明是世界文化。”

张申府对访问他的美国学者说：罗素的语言就像“空山灵雨”，“使你平和清净，却又留给你一个凛冽、精警、愉快的感觉”。罗素“说理能力深入细致，时带讽刺，但他的讽刺并不伤人”。

胡适平时常说："任何事我都能容忍，只有愚蠢，我不能容忍。"20世纪60年代初，胡适看了一些当时谈道统的文章，笑着对人说："你看他们好像是拍拍胸口地说：'道统在我这里。'这话说得多可怕！"

康奈尔大学伯尔先生曾对胡适说："我年纪越大，越觉得容忍比自由还重要。"十多年后，50年代末，胡适回想起伯尔先生的话，说自己也有了"我年纪越大，越觉得容忍比自由还重要"的感想，而且还以为："其实容忍就是自由：没有容忍，就没有自由。"

抗战时，张宗祥和家人曾流亡至桂林，居铁峰山下。有人问张宗祥桂林山水，张说："翻转钉鞋底向天，即桂林矣。桂林山硬，水硬，人更硬。"

抗战时，北大文科研究所迁到昆明，所长为傅斯年。当时在文科所读研究生的王玉哲后来说，真正关心他们生活和学习的是副所长郑天挺，于是有同学戏作一副对联，上联是：傅所长是正所长，郑所长是副所长，正副所长掌研所；下联是：贾宝玉乃真宝玉，甄宝玉乃假宝玉，真假宝玉共红楼。传说这是刘念和编的对联。刘念和那时受李方桂、丁声树两先生的指导。

经济学史家赵廼抟年轻时留学哥伦比亚大学，攻读经济学研究生，白天在图书馆读书，晚上回到所住的墨吟山

（Morning Side）仍苦读。赵在书桌上写一字条：“会谈以十分钟为限。”三年研究生读书期间只看过一次电影。同学们送给他一个“墨山隐士”的称号。

“欧美同学会”1913年创立，1915年在北京南河沿街口建造会所。会所有一副对联，上联是：南士简要清通，北人渊综广博；下联是：江右宫商发越，河朔词义坚刚。近世书法篆刻名家杨天骥书。卞孝萱先生对这副对联印象极深，后来说，这副对联将南北知识分子和南北文化概括得很精当，放在“欧美同学会”前是非常贴切的。

清华国学研究院每月有同乐会，在工字厅，师生欢聚，各有乐事。赵元任先生能聚若干茶杯，别其音阶，敲打而成歌曲。他还给大家表演各地方言，从北京出发，沿津沪路，过一地，则操其方言，同学莫不惊服。学生要梁启超表演，梁就背诵某状元大魁殿试卷和一段《桃花扇》。梁说：“书要能背诵，则有用者多矣。”王国维先生亦曾背诵《两京赋》。

姜亮夫在清华念书，有一次在梁启超先生家，发现梁有“五官并用”的特点。那天，梁对姜说：“今天我要写几副对子，你帮我拉对子纸。”第一副是给姜的。对子的原文是“海燕飞来窥画栋；落荷相依满横塘”。“海燕”比喻姜来到他家，“落荷”喻姜这批学生。刚要动笔，梁吩咐助手说：“你明天九时到王先生家去送一封信。”刚写了两个字，梁的儿子进来说“有电话”，他随即吩咐几句叫儿子去回话，这时手中笔未停，边说边写。儿子退出，家人送信进来，梁叫家人读信，一边听又一边写，听完信，并吩咐回信大意，家人又送早点上来。梁眼睛稍看了一下，又边写边说，早点中某东西不要，某东西再加一点。姜心里慌，怕梁先生把对子写错，但结果无一字差错。

张宗祥抄书，五官并用，向为人所乐道。钱宝琮回忆1923年盛夏到杭州湖滨贝姓别业去看宗祥先生的情形时说：“……书斋面湖，前有水阁突入湖中，山光水色争赴目前。槛外芙蕖，幽香时度……先生据案坐，手抄秘籍，下笔滚滚，点画多姿。虽与客对坐，缮录不辍。”1927年春，张宗祥闲居上海，明窗净几，一门清穆。学生王质园时教授劳动大学农学院，常去看他，师生“晤对终日，师仍抄书不倦，一面吸烟，一面挥毫，一面谈笑，瞬息不停，五官并用，无一字舛误。师所抄之书，纸式大小一律，选本甚精。书口印有铁如意馆四字，书法挺秀。今商务印书馆影印之《洛阳伽蓝记》即其真迹，为书林所珍重”。张宗祥长女张珏回忆说父亲八十高龄抄校《明文海》，“客来边谈边校书，眼、耳、口、手同用而不误一字”。钱宝琮说宗祥先生云，“写字只要眼到，笔即随到，口耳各有所司，与腕下无涉也”。

1940年12月25日，圣诞节，燕京大学放假，容庚校改

《商周彝器通考》书稿，在日记里写道："目光锐利，能见其大，吾不如郭沫若。非非玄想，左右逢源，吾不如唐兰。咬文嚼字，细针密缕，吾不如于省吾。甲骨篆籀，无体不工，吾不如商承祚。操笔疾书，文不加点，吾不如吴其昌。"最后一转又说："若锲而不舍，所得独多，则彼五人似皆不如我也。"

北大一学生写《中国新文化运动史》，到学校的教员休息室请胡适给题签，陈垣当时也在，笑道："这真是请宋江来题《水浒传》了。"

王力讲中国方言，一个"日"字，东北人、湖北人和上海人分别将"日本"读成"一本""二本""十本"。用幽默风趣的例子，使学生了解方言的复杂性。

魏建功印发古代汉语讲义，大量古文不加注解，有同学提出希望作点注释。魏先生说，读古书，要下笨功夫。把注释当拐杖，将来离开拐杖连路也不会走了。

抗战初期，清华分几路南迁，有一路由香港、海防经滇越铁路。这一路负责带队的是叶公超。叶先生先期到港，学生一到，叶先生便召集学生讲话，最后则说某处有广式云吞味道精美。学生后来回忆说，这就是叶先生，他的风趣和性格。

刘文典讲课不拘常规，常常乘兴随意。黄延复《刘文典逸事》记载，在西南联大中文系时，一次，刘文典刚上了半小时课，便讲完了上一讲的内容，同学们以为他接下来要讲新课，他却忽然宣布说："今天提前下课，改在下星期三晚饭后七时半继续上课。"原来下个星期三是阴历五月十五，正是月圆之夜，他要在月光下讲解谢庄的《月赋》。到这晚，皓月当空，校园里摆下一圈座位，刘文典先生坐在中间开讲《月赋》，同学们听得陶醉，终生难忘。

中国近代工程学家刘仙洲，曾引用《春秋公羊传》上的一句话来对工科作定义："巧心劳力成器物曰工。"刘先生因此进一步提出在工科高等院校中应该工科和理科合一的工程教育主张。

陈岱孙留美归来执教大学经济学系，财政学课程一直由他主讲。有学者称陈岱孙先生是"典型的讲义派"，讲义一遍一遍地讲，一遍一遍地改，但总是不满意，总是不肯拿出来出版。学生们听陈岱孙先生的课，笔记记下来，不用增减文字就是浑然天成的好文章。任继愈在西南联大读研究生，后来回忆说："这种出口成章的才能，联大教授中只有两位，一位是陈先生，另一位是冯友兰先生。"

文学史家顾随教学时常引佛家的话说："见与师齐，减师半德；见过于师，方堪传授。"鼓励学生超过自己。

顾随严于衡文量字，对文笔的修养极看重，看人的写作著述，在未见其内涵之先，放到第一位考虑的是其人的文字如何，以手笔的高下来评量他的文化造诣。顾随在燕京大学教过的学生周汝昌（字玉言）1953年9月出版《红楼梦新证》，这部书是用语体文（即白话文）写的。顾随初得此书，一直未打开看，顾随10月27日的一封信里说："……我对于玉言之语体文还缺乏信心，万一读了几页后，因为词句、风格之故，大动其肝火，可怎么好？不意晚夕……枕上随手取过来一看，啊，糟糕，放不下手了，实在好，实在好！……""玉言风格之骏逸，文笔之犀利，其在此书，较之平时笔札，真是百尺竿头，更进一步。"周汝昌说顾随"实为一位罕见的文体家与鉴赏大师"。

20世纪50年代初中期人民文学出版社古典文学部，舒芜、周汝昌在一个办公室，向南的窗，两桌分列，舒西周东。隔壁办公室则是张友鸾与顾学颉，也是两桌分列，张东顾西。舒芜对周汝昌戏语道：这屋是"不作周方"，那屋是"东张西顾"。上句出典《西厢记》："不作周方，埋怨煞你个法聪和尚！"舒芜本姓方，故巧用"周方"一语。另一句即变用"东张西望"俗语而改一字，切合张、顾二姓。

20世纪50年代大学教授定级，山东大学历史系有8位三级教授，包括杨向奎、赵俪生、郑鹤声、王仲荦、张维华、童书业诸先生在内，戏称"八马同槽"。

钱理群说，王瑶先生打过一个形象的比喻，说文章有两种写法，一种是“编织毛衣”式的，只是平列的铺排：一点，两点，三点；一方面，又一方面，再一方面。很有条理，很全面，但看不出观点之间的内在联系，整篇文章是散的。另一种是“留声机”式的，有一根针，一个核心，一个“纲”，所有的观点都围绕它转，这就是所谓“纲举目张”，所谓“提纲挈领”。写论文最难，也是最要下功夫的，就是一定要找到能够把整篇文章拎起来的东西。

钱穆尝于素书楼邀集严耕望、余英时、何森佑三弟子晚餐。钱穆笑着说，一门三弟子都是安徽人。余英时曰，可谓“吴学入皖”。盖钱穆江苏无锡人也。

文史学问的研探，有时也不妨从日常生活领悟。严耕望曾在钱穆素书楼饮武夷上乘茗茶，据说采自朱子所种茶树，茶色清黄，微带绿色甚清丽。严耕望是晚饮茶，竟难以入眠，刺激性颇大。严于是从中悟出唐代北方饮茶之风大盛，导因于禅僧学禅、务于不寐的说法，或有相当理据。

严耕望给香港中文大学中国文化哲学博士生讲“中国历史地理”，偏重人文地理，与前人侧重疆域沿革及政区变迁有异。严耕望其时正专研于中古交通问题，故心得甚多。学生半开玩笑说：“先生考证之精细，纵然没有到过的地方，其准确度可作旅游指南。”

启功先生幽默。西泠印社在赵朴初先生逝世后，公推启功先生担任社长，其时启功先生已辞去中国书法家协会主席之职。有一年西泠印社举行例会，启功先生与中国书协某位继任领导共同与会。会上启功先生发言，自然屡屡提及“西泠”如何如何，不料那位书协领导却在一旁好心地为启功先生纠错，小声说道：“是‘西冷’呀。”先生应声道：“你冷，我不冷。”

启功先生是大书法家，上门求字的门庭若市，也有颐指气使，连好脾气的启功先生都受不了的。有一回，一位自称是空军首长秘书的人来替首长索字，态度蛮横。启功先生缓缓问道：“我要不写，你们首长会不会派飞机来炸我？”那人没想到启功先生会这么问，赶紧回答：“那当然不会。”启功先生说：“那我放心了。你走吧。”

傅振伦，河北新河人，博学多才。文史学者赵珩在一篇文章里说：傅先生英文甚好，但是中文却带着一口浓重的河北口音。傅先生一生与文物打交道，却不收藏。傅先生藏书也不多，家里布置得很简单，墙上竟然还挂着一些十分俗气的挂件。傅先生一生从事文博事业，但自己却没有雅致的生活情趣和旧时代文人气，字写得也不很好。傅先生出生于清末，老先生却很具有新的学术思想。人有时真是很矛盾很奇特。

翁偶虹，戏曲作家、戏曲学者、戏曲教育家，一生与戏结缘。他在《自志铭》里称自己“为一代今之古人”。翁先生将自己的居室命名为“六戏斋”。六戏者，听戏、学戏、演戏、写戏、评戏、画戏之谓也。

夏仁虎先生，方志和文史掌故学家，尝自撰三字墓志铭：“家金陵，祖大禹；仁无文，虎不武；好读书，不泥古；为文字，鲜可取；曾仕官，无所补；老而归，无所苦；自题碣，识其所。”

吴组缃说老舍有时将自己的小说读给他听，读到得意之处便拍着大腿说：“这一笔，除了我老舍谁写得出来！”真是率性天真可爱。

国民政府定都南京。时柳翼谋先生担任江苏省立图书馆馆长，在清凉山；竺可桢先生担任南京中央研究院气象研究所所长，在鸡鸣山。两处职员多是南京高师、东南大学史地两系毕业同学，其时南京各学校机关，亦多两系同学，不下数十人。群议宴请柳、竺两师以为寿，柳先生笑对竺先生说：“我们两个大王，各聚一个山头，各拥有喽啰若干人，势力不可谓不雄厚，我们应该如何作出打击计划，各成大事？”竺先生笑对柳先生：“我们打天下各有范围，至于如何打法也有不同，总之我们应当用科学方法循序渐进，立业而后成功，不能躐等而进。”同学闻之，哄堂大笑。

北京王致和臭豆腐，兴旺于清康熙年间，招牌最初是“王致和南酱园”。状元孙家鼐给王致和南酱园写了两副门对：“致君美味传千里，和我天机养寸心”“酱配龙蟠调芍药，园开鸡跳钟芙蓉”。大约1947年，燕京大学有几位美国教授参观王致和臭豆腐整个制作过程，并拍照片，买回了一些，回校分析化验。过了一段时间，这几位美国教授又来到王致和酱园，说“味道不错，并含有蛋白质和多种维生素”。

夏丏尊，曾在复旦大学教书。第一节课，夏先在黑板上写：“夏丏尊，浙江上虞人，没有什么洋翰林博士头衔，但希望注意，是丏尊，不是丐尊。”课堂上一片大笑。

有一位退任的大总统，好临《淳化阁帖》，笔法学包世臣。有人拿他的字来问陈垣先生写得如何，陈说写得好；问好在何处，陈回答是“连枣木纹都写出来了”。盖宋刻《淳化阁帖》是用枣木板子，后世屡经翻刻，越发失真。

旧京前门外煤市街有致美斋，饭馆小而名气大，一鱼四做之“万鱼”以及脍鸭条、鸭舌炒掐菜等都是该店的佳肴。致美斋的点心亦有大名。清季大学者俞曲园盛赞致美斋的名点油酥萝卜丝烧饼，尝作词《忆京都》云：“忆京都，茶点最相宜。两面茯苓摊作饼，一团萝卜切成丝。不似此间恶作剧，满口糖霜嚼复嚼。”俞并注曰：“京都茯苓饼、萝卜丝饼最佳，南人不善制馅，但一口白糖，供人咀嚼耳。”

钱玄同熟于戊戌（1898）以后的秘闻轶事，常与黎锦熙夜谈，无不罄述。黎先生随手记其有关近代掌故及词意隽永者，每事为一纸，有时钱先生也乘兴写了一些，十多年来计约得千余条左右。黎原拟分类编为《世说燕语》一书，后因战乱，大多散佚了。

李叔同曾对丰子恺说："假定有一个人，生出来就读书，而且每天读两本书（他伸出拇、食指略示书之厚薄），而且读了就会背，读到马先生的年纪，所读的还不及马先生之多。"连见识不可谓不广的丰子恺听到时都当是开玩笑，直到见到马一浮，才叹信然。

鲁迅早岁在南京路矿学堂读书，曾作《戛剑生杂记》四则，其中一则有云："生鲈鱼与新粳米炊熟，鱼须砍小方块，去骨，加秋油，谓之鲈鱼饭。味甚鲜美，名极雅饬，可入林洪《山家清供》。"

张大千是个大胡子，浓密的胡须垂腹。有一人见此，顿生好奇，问："张先生，睡觉时，您的胡子是放在被子上面还是搁在里头的？"张大千一愣："这……我也不清楚。这样吧，明天再告诉你。"晚上就寝，张大千将胡子搭在被子外头，好像不太对头；收进被子里面，又觉不自然。折腾了半宿，都不妥当。这一下他自己也犯愁了。第二天，张大千对那人说："很抱歉，我真的不知道平时是搁哪的。"

启功先生平时喜称自己为“乌呼之人”，其义取于“乌呼哀哉”，意谓自己离“乌呼哀哉”差“一点儿”。

香港学人、报人董桥说：沈尹默的字有亭台楼阁的气息，鲁迅的字完全适合摊在文人纪念馆里，郭沫若的字是宫廷长廊上南书房行走的得意步伐，台静农的字则只能跟有缘的人对坐窗前谈心。

董桥1999年10月25日写随笔《艺员报新闻漫想》，文中写道：“……‘专业’一词有必要享受更广远的含义：既要追求深厚的造诣，也要拓展博大的容量。林欢写影评编剧本当导演，查良镛办报纸做翻译写政论，金庸写小说攻学问撰考据，同一个人步步走出几条不同的道路，而且都有佳绩……说明的正是专业大可一身数‘专’，各成大‘业’。……亦博亦专才是各行各业值得追慕的境界。”董桥此说甚善。

任继愈话不多，但说出来的话深邃、幽默，也带着哲学味儿。某王姓气功大师红得发紫时，任先生说：“不但要脱贫，还要脱愚。”

沪上报刊校对人贾兆明撰文点评现代文人书法，颇得要旨且有趣味：老舍的字端正朴厚，大约平常临的是颜碑，文章和谈话很幽默，字却一点不幽默；林语堂的钢笔小字，确乎有些幽默感，毛笔大字就没有幽默感可言了；赵景深是一个面团团的大胖子，字却喜用青莲墨色书写，摇曳多姿，似出闺秀之手；李青崖也是大胖子，字却瘦劲有力；郑振铎的毛笔字，颜鲁公体是底子，再加上写经体，铁画银钩，左细右粗，功力不小；钱玄同的晋人写经体，用笔凝练，结构谨严，娥媚妍丽，确是精品；刘半农毛笔行书，笔力极浑厚；李大钊笔力泼辣，陈独秀较为清秀，但都沉郁有力；沈尹默行楷临圣教序，又参东坡体，秀美之至，楹帖大字，更兼魏碑意味，尤见功力；章太炎的小篆极古雅，行书也苍老；王国维的行楷均端正严肃；罗振玉小篆参商卜文字之意，楷书摹化度寺碑；马叙伦行楷拙朴，惜于行款欠考究；容庚书法逸宕可爱；胡适的字太庸俗，学的是东坡体，但乏东坡雄肆之笔力，虽尚挺拔，然一泻无余，毫无回味；周作人的字秀澹闲雅，好像不食人间烟火者；鲁迅的字，笔力雄浑；沈从文临摹草书，极有成就，毛笔字极现飞舞之姿，得益于二王匪浅，钢笔字也显相当功力；俞平伯的楷书，有平原之刚，而复兼具钟繇之丽，精美绝伦；朱自清的字则拘谨朴素，一如其人；王统照的楷书，遒劲挺拔，得力于兰亭，复参以虞欧；叶圣陶楷书温润平正；夏丏尊的字极古雅，体近北魏诸碑；李叔同擅张猛龙体；丰子恺的字也颇有北魏风度，只惜笔力犹欠遒劲……

周作人写书信，样样都考究，特印的“煆药庐”稿纸，荣宝斋水印的信封，唐人写经格的信笺，再加上一笔不苟的真书小楷及明人小品式的尺牍，令人爱不释手。

旧时京城王府井大街有安福楼，前身是承华园，鼎盛时，许多文人常去诗酒流连。胡适曾到安福楼餐饮，发明用鲤鱼肉切成丁，加一些三鲜细丁，稀汁清鱼成羹，名“胡适之鱼”。

过去京城各大饭庄最讲究吃鱼翅，所谓“无翅不成席”。谭家菜，谭篆青先生府上的私房菜，以“鱼翅会”闻名。谭篆青，名祖任，祖籍广东，出生在北京，久居京华丰盛胡同，20世纪30年代时家里不如以前富裕了，于是请如夫人赵荔凤女士掌灶，大家凑份子，一起吃谭家的鱼翅席，雅名“鱼翅会”。开始还都是熟朋友，后来渐有了不认识的人辗转托人来定席，每人4元，凑够10人，40元，再给主人夫妇一份请柬，一桌12人才能成席。大概直到新中国成立前，也从未公开营业过。1933年年初，大学者陈垣曾在谭宅宴请法国汉学家伯希和等。按照当时大饭庄的价钱，12元就能吃一桌鸭翅席，即有鱼翅羹、砂锅全鸭了。如花20元，在东兴楼、丰泽园这些一流的大饭庄，就能吃到有“红扒鱼翅”这样名菜的高级酒席。谭家菜价格不菲。据说谭其骧教授当年想去吃谭家菜，但始终凑不够10人，终于没能吃成。谢国桢曾常去傅增湘先生家里，傅是谭府“鱼翅会”的发起人，因而曾随其参加过不少次雅集。谢国桢后来和人说，去赴“鱼翅会”的人，常常带一些善本书、书画精品，以及其他雅玩，请大家观赏、相互赏鉴，也不单纯是为了吃。

李石曾，晚清军机大臣李鸿藻第三子，曾在法国先后入学蒙达顿农校、巴斯德学院及巴黎大学学农学及生物。1909年，李石曾在巴黎西郊开了家中国豆腐公司，以机器新法制豆腐。中国平民家常菜吸引了西人光顾，生意兴隆，李石曾因此获“豆腐博士”的雅号。

旧京的河南馆子厚德福，也是名馆子，开在前门大栅栏。梁实秋的祖父梁芝山是厚德福的股东之一。据说梁实秋留美回来，到北京前门站一下火车，不回家，先到厚德福大快朵颐。1930年梁实秋到青岛大学教书，厚德福也在青岛开了分店。

1926年8月，开明书店在上海成立，叶圣陶、丰子恺等都参与了书店工作。当时，开明书店有个同仁作家的“开明酒会”，酒会对吸收会员有一个特殊的规定，即一次能喝5斤绍兴加饭酒。夏丏尊、丰子恺、叶圣陶、郑振铎、章锡琛等白马湖派作家及同道全部入选。这个酒会每周举行一次，许多重要的组稿活动和雅谈趣事均发生在酒会上。丰子恺的学生、书籍装帧家钱君匋想加入酒会，但他只能喝3斤。夏丏尊仁慈，就说：“君匋如果要加入酒会，尺度可以放松一些，打个7折吧！”最后，酒会破例接受了钱君匋。第一次，钱君匋勉强喝了4斤，但后来，他居然能毫不费劲地喝5斤了。章锡琛知道茅盾能背《红楼梦》，郑振铎不信，章、郑两人打赌，茅盾果真当众表演，令郑目瞪口呆。这一幕，也发生在酒会上。

王仲闻，王国维公子，长相亦如其父，仿佛明翻宋本，唐临晋帖。王仲闻在中华书局编辑唐圭璋修订的《全宋词》，于唐宋文学史料，尤其是宋词、宋人笔记，了然于心，只要向他提出问题，无不应答如响。王仲闻不仅熟于宋朝，且喜爱宋朝近于入迷。中华书局编辑和他开玩笑，说他是“宋朝人”，他不以为忤，反而非常自得，以后就经常自称“宋朝人”。

20世纪90年代末，杭州西湖畔的楼外楼曾开过一次“西湖与饮食文化笔会”，黄宗江先生亦受邀。黄先生在笔会上妙语如珠，概括了四句话：“文章是大家的好，老伴是自己的好，风景是西湖的好，菜是楼外楼的好！”举座大欢。

碧螺春，苏州太湖洞庭东西两山所产绿茶。汪曾祺某年在洞庭东山春在楼吃茶，正是新采焙的碧螺春，品啜之际，不由信服龚定庵所说的“天下第一”。然碧螺春泡在大碗里，汪曾祺不免感到不可思议。后询问苏州文人陆文夫，陆文夫说：碧螺春就是讲究用大碗茶喝，“茶极细，器极粗”，饮茶艺术的辩证法乎？汪曾祺莞尔。

宗白华在中央大学任教时，常到夫子庙文玩市场访书觅古，曾慧眼识宝，以数十元廉价购得一尊雕刻精美的唐代石佛头。抗战期间，宗先生随校迁到重庆，仓促间把佛头埋于院中，战后归来，家中珍玩荡然无存，唯佛头幸存，因此得“佛头宗”雅号。

哲学家张申府晚年对美国汉学家舒衡哲说：当年他的第一任妻子早逝，1915年春天，家里骗他而作第二次的包办婚姻，这使他有被出卖的感觉。他开始留意罗素，觉得罗素关于婚姻自由和性自由的观点十分有意思，中国传统没有罗素这样的思想，罗素救了他。关于1919年的五四，张申府则说，自己在五四之前一个“女朋友”也没有，“女朋友这个意念，对我总是带有西方的色彩”，父亲一辈的传统中国的儒家世界里，男人有妻有妾，但没有“女朋友”，“五四最后给我自由找我的女朋友……我是在五四时期才成为一个男人”。

20世纪80年代初，宋史专家徐规教授在上海做《中国历史大辞典·宋史卷》的编审工作。徐先生是温州平阳人，据说每餐必饮老白干，而且工作时总要打开收音机听越剧。越剧声音开得很大，并不影响徐先生工作。他眼力非凡，酒后头脑反而特别清醒，总能迅速发现文稿中的错误，并快速一一予以纠正。

大画家林风眠也是美食家，他的美食秘诀甚多，比如，他很会煮咖啡，他家的咖啡里会放一点白兰地；他吃西瓜的时候，也会在西瓜里挖一个洞，往里面倒一点白兰地，这样吃起来别有风味。林风眠的酱油也是他自己的独家发明：将买回的酱油加上白糖、生姜，煮沸后冷却。老友柳和清从林风眠那儿学得这个秘方，到香港开功德林时，也用这样的酱油进行调味，所以那道葱油拌面能够吃出独特的好滋味。

大画家黄宾虹九十高龄时，患上白内障。他在生宣上摸索着挥毫作画，视线不清，笔与笔、墨与墨产生了交错，点线隔离间，反而使作品更加空灵，更多变幻，出神入化。识者或曰：黄宾虹先生这是用心灵在作画，就像耳聋的贝多芬谱出了辉煌的《第九交响曲》。

许渊冲教授是翻译名家，可他上小学时并不喜欢英语。wxyz是编了口诀“打泼了油，吓个要死，歪嘴”，才勉强记住的。“儿子”的英文复数形式sons，他旁注为“孙子”，“女儿”的英文复数形式daughters，他旁注为“刀豆子”。

近世外交家颜惠庆少年留美，其时，颜惠庆虽然还没有习惯说英语，但对于书本上印就的英文词汇，所知甚多，存乎于心。一次，颜惠庆睡眠中说梦话，醒来，旁人告诉他，他的梦话完全是说的英文。颜惠庆后来回忆说，从此他使用英语，便无困难了。

颜惠庆晚年写回忆录，回忆早先英国殖民统治时期的香港政府及大学对华籍职员和教员的歧视，曾述及香港大学一事：香港大学曾委托英国爱丁堡大学代为物色一位医科教授，爱丁堡大学当即推荐一位品学兼优的华籍学者。香港大学竟然不予同意，声称宁愿聘一英人。爱丁堡大学的答复十分坦率："我们认为合格的，想来对于你们也够合格罢！"结果照聘。

20世纪40年代末，马悦然在中国四川峨眉山做方言调查。他后来回忆说，峨眉山上洪椿坪农忙时节盛开的芍药是"我最钟情的'恋人'"，连农民都要放下农活抽空上山来欣赏它的美容。

英国皇家学会创始之初，约翰·伊夫林先后研拟了数条拉丁语铭文："我们还有多少未知之事""经由实验""尝试一切"等。最后"不人云亦云"（Nulliusy in verba）被接纳为皇家学会的正式格言，一直沿用到今天。

18世纪英国大学者塞缪尔·约翰逊，有渊博的古典学问，以一人之力编成《英语词典》。在编写词典之初，约翰逊曾向一位贵族请求支持，但受到这位贵族的冷漠对待。7年之后，词典编就，即将出版时，这位贵族却抢先给予好评，并向人示意希望约翰逊能把这部书献给他。约翰逊致信这位贵族，措辞文雅、礼貌，拒绝之意则坚决，约翰逊信中说："他看着别人在水里挣扎着求生存而漠不关心，但当那人到达岸边时却以援助相累……"

日本著名汉学家、京都学派史学集大成者宫崎市定曾经说：一心向学的年轻人本身也是难以估量的未知数，"对这些全新的未知数，我不能不深感责任重大……以甜言蜜语惯着未知数，更是必须避免……若借着什么理论推荐半吊子的历史学，恐怕会招致贻害未知数的结果。不能对潜藏着伟大生长可能的未知数有所启发，岂非帮着培育矮小、萎缩的盆栽？”

宫崎市定尝言：历史学研究，要尽可能保持中立的志向，“为了保持中立，精神的自由不可或缺。而要保持不受他人干扰的自由境界，不参加派系性质的团体比较有利，最好是一人一党。当然一人一党的话，发言在现实社会中会缺乏冲击力……不过，学问并不一定要求速效”。

英国探案小说家阿加莎·克里斯蒂的丈夫是考古学家。据说克里斯蒂说过这样一句名言：“嫁给一位考古学家的最大优势，就在于你看上去越老他就对你越感兴趣。”

尼采常有惊世之论甚至危言耸听，但他也有平易亲切的时候，他说歌德是令他肃然起敬的最后一个德国人，他又说司汤达是他生命中最美好的邂逅之一，他对莎士比亚评论的深刻洞明，甚至超过他同时代乃至以后的英国学者。

燕卜逊曾受聘日本和中国的大学讲授英国文学，他著有诗学名著《晦涩的七种类型》，他也是一位诗人。据说他曾被推荐去哈佛大学教书，推荐者再三叮嘱他千万注意仪表，可是他在和学院的主任交谈中竟烂醉如泥不欢而散。燕卜逊终于还是那种不修边幅的诗人名士派。

法国戏剧家和演员莫里哀，曾被人们视为调教其他演员的高手。莫里哀的一位同事说，就是一根棍子，莫里哀也可以把它调教得会演戏。

歌德喜欢自言自语，他还有奇特的癖性，他爱自然，爱植物，爱矿石，但不喜欢狗，也不喜欢戴眼镜的人。

青年莎士比亚在彭布洛克伯爵供奉剧团撰写剧本。剧团演员理查德·伯比奇是莎剧的主打演员。伦敦市民约翰·曼宁汉姆日记里记过一件逸事：伯比奇扮演莎士比亚戏剧《理查三世》的理查三世期间，有一个伦敦女市民深深地喜欢上了他。有一次看完了演出临走之前，她约伯比奇当晚以理查三世的名义到她家里去。莎士比亚无意中听到了他俩这番话，觉得很好玩儿，就赶在伯比奇之前到她那儿找乐子去了。当仆人禀报“理查三世”已在门外候见时，莎士比亚让他回话说“征服者威廉”已比“理查三世”捷足先登了。学术界通常拿这则逸事来强调青年莎士比亚的才思敏捷。

19世纪法国小说家大仲马善饮，据说他写过这样的话：在蒙哈榭白葡萄酒面前，“你应该先脱帽、鞠躬致敬，然后才可以畅饮”。蒙哈榭酒产于法国勃艮第，被誉为酒中圣品。

大仲马也是有名的美食家，厨艺了得。他的长篇小说《三个火枪手》《基督山伯爵》等畅销当时。然而晚年的大仲马，作品滞销，生活困顿。他的最后一部满意之作是完成于1869年的《烹饪词典》，收入了750道菜肴及其食材、烹饪方法、逸闻趣事，饶有趣味。大仲马说："即使我所有的作品你都不看，至少也会留下这部作品。"

18世纪英国大文豪塞缪尔·约翰逊名言：波尔多红葡萄酒是少年之酒，波尔特葡萄酒是男人之酒，而志存高远之士当痛饮白兰地。

某些时候，食品亦隐含深意。据说立陶宛有一款食品名曰"拿破仑"，样子像千层饼，做得很难消化，当时人们用它比喻拿破仑在当地推行的司法改革：复杂得难以为当地人所消化所吸收；层多又暗示《民法典》太厚；层多且厚又好像是在形容法国对立陶宛的压迫。

学者们有时会以某种食品的特性隐喻某国文化。英国的布丁，据说是把面粉、面包渣、牛肾、牛油、红糖、葡萄干、李子干、鸡蛋和啤酒（或干邑）等食材，用豆包布包起来煮，煮到最后，成一个圆形。在英国，有"维多利亚布丁""王子布丁"……英国曾经殖民地遍布全球，所以各地制作的布丁，用料也多有不同。一些历史学家因此认为，布丁也反映了大英帝国文化的多重性和英国社会的和谐。

人们的饮食习惯往往会发生很大的变化。18世纪英国约翰逊博士所生活的时代，燕麦制作的"麦片粥"还不是英国人早餐中的常品。约翰逊汇编英语辞典，对燕麦的解释是："燕麦，在英格兰是用来喂马的饲料，在苏格兰是人吃的粮食。"谁料不过百年，英国南北早餐时均食用燕麦做成的麦片粥了。19世纪下半叶，日本作家夏目漱石旅居伦敦，吃不惯麦片粥，在写给日本朋友的信里，根据约翰逊博士的解释，讽刺道："如此一来，英国人都变成马了。"夏目漱石也没料到，如今麦片粥几乎全球都食用了。

英国小说家劳伦斯爱海而不喜山，他以为山站在那儿不动，挡着人的去路。而对于海，他曾旅行意大利南部，著文描述大海之美。

美国的大企业家和亚洲艺术品收藏家查尔斯·朗·弗利尔，自学成才，他以制造有轨电车赚得万贯家财。弗利尔多次游历中国后曾说，在古代，艺术创作方面，"与中国相比，日本仿佛只是一个仿真娃娃"。弗利尔生前还有一项计划，即协助在北京建立"考古学校"和"国家博物馆"，帮助中国拥有技术和动力，保护处于危险境地的中国文物。可惜由于第一次世界大战升级以及其他一些原因，这项计划最终胎死腹中。

二战中，盟军攻占罗马后，新闻记者访问隐居于罗马近郊的哲学家桑塔耶拿。桑氏此时已八十高龄，仍然精神矍铄地探索着人生之谜，不知疲倦。记者问他对这次世界大战的意见。桑氏悠然而答："我已经多时没有报纸了，我现在常常生活在永恒的世界里!"

据说法国总统蓬皮杜是位美食家，最偏爱他家乡法国中央山区康塔尔省的一道炖内脏的家乡菜。蓬皮杜常邀请一些好朋友，或是熟识的新闻记者，到爱丽舍宫热热闹闹地吃上一顿。虽然爱丽舍宫做出来的这道餐点无可挑剔，但也不是所有被邀请的都会赞美这道菜，还是有记者碰都不碰。蓬皮杜给他们一个白眼，然后自顾自大快朵颐。

辛克莱发表小说《屠场》，一举成名，接受采访不断，激扬文字，针砭时弊。个性倔强的共和党总统西奥多·罗斯福很不高兴，他让辛克莱的出版商传话："告诉辛克莱回家去，也让我领导一会这个国家。"

16世纪的安德鲁·彭尼，做过剑桥大学彼得学院院长，5次任职剑桥大学副校长。此君是见风使舵的高手，玛丽女王统治期间，加尔文教思想家马丁·布瑟和保罗·费吉斯的尸体被掘出焚毁，彭尼主持了布道；几年后，英格兰回归新教阵营，两人残骸重新下葬，主持布道的仍是彭尼。剑桥大学圣约翰教堂尖顶装有一个刻着彭尼姓名首字母"A.P."的风向标，人们把这作为笑料，说他姓名首字母"A.P."，可能指"A Papist"（一名天主教徒），也可能指"A Protestant"（一名新教徒），就看时局风向了。但亦有人以为，剑桥大学也是靠了彭尼这样的灵活性，在历史上总能获得皇家的支持而不断成长起来。

剑桥大学冈维尔奇斯学院有著名的“三重门”：谦卑门，功德门，荣誉门。第一道门是新生入学时跨进的，意味着学识粗浅的他们须心怀谦卑。学识渐深的学生进出功德门。通往参议厅道的是华美的荣誉门，毕业生穿过门去旁边的参议厅领取学位。三重门依次递进的线路象征着优秀学者的求学历程：怀着应有的谦卑，努力修炼学业功德，走向荣誉。这所学院的树庭还有一道小门通往男洗手间，被戏称为“急需门”。

17世纪佛罗伦萨人安东尼奥·马利亚贝基，时人目为“书饕”。他被托斯卡纳大公科西莫三世委任为宫廷藏书楼主管，原可在宫中独享一间房，但他不要，宁愿睡在一个堆满书籍的木摇篮里。有人笑他是“靠书名和索引为生，枕头就是一部对开本”。

俄罗斯的东方学家叶理绥，家境富裕，从小接受法、德、拉丁、希腊、英等多种语言的良好教育。1908年8月，19岁的叶理绥留学东京帝国大学，1912年成为最早留学东京帝国大学并取得正式学位的西洋学生，在毕业典礼上获明治天皇接见。叶理绥后来常开玩笑说，明治天皇在毕业典礼上授予他学位时，发现他是白人而十分震惊，竟因此一病不起，很快于1912年7月30日去世。当然这是叶理绥的玩笑，明治天皇其实死于糖尿病引起的尿毒症。

荷兰汉学家高罗佩，以西方人而对中华文化情有独钟，穷毕生精力研究汉学。他撰文写字多署名“荷兰高罗佩”，然而行文中又不自觉使用“吾华”这样的字眼，或称高罗佩“中国痴”亦无不可。

英国著名法学家约翰·塞尔登有一句名言：“危难之秋，智者缄口。”爱因斯坦亦有一条公式：“假如A等于成功，则A等于X+Y+Z。X是工作，Y是游乐，Z是闭上你的嘴！”

痛感商学院教育的弊病，加拿大麦吉尔大学布朗夫曼管理学院教授亨利·明茨伯格撰著《培养管理者，而非MBA》，说所有MBA毕业生都“该在额头上贴个骷髅头，再加一句‘不宜做管理’之类的警告语”。

潘恩原先做过很多年的胸衣匠，后来从政，做胸衣成了他闲暇时的消遣。托马斯·杰弗逊做过美国第三任总统，但他喜欢动手做钉子（后来开了一家钉子厂），干农活。政治家富兰克林代表宾夕法尼亚州签署《独立宣言》，他发明了双焦镜和避雷针，直到去世他都为自己最初的职业——印刷工——深感自豪。学者将此概括为新英格兰人亲力亲为的技师精神。据说直到20世纪60年代，若有公司总裁亲手疏通了水管，必会把此事写入公司纪事中，表明自己是个“真正的美国人”。

以论文《通信的数学理论》拉开信息技术革命帷幕的香农，性格古怪，他经常在他工作的贝尔实验室，踩着弹簧单高跷在实验室走廊里蹦跶，或者骑着独轮车在实验室走廊里穿行（这个独轮车是他专门设计的，上面有个偏心轮，让他能一边骑车一边抛接球）。

泰勒1903年初版《论车间管理》，籍籍无名。1910年，布兰迪斯代表东方铁路公司用户和东方铁路公司对簿公堂，铁路公司要提价，为驳斥铁路公司的说法，布兰迪斯引用《论车间管理》的观点。第二天《纽约时报》头版头条报道：“布兰迪斯说科学管理可让铁路公司每天节省100万美元，称提价没必要。”布兰迪斯发明了“科学管理”这个词，泰勒接过这个词命名自己的理论。全国各地企业家看到《纽约时报》报道，争相购买《论车间管理》。泰勒因此成名。布兰迪斯后来做过美国最高法院大法官。

在宾夕法尼亚大学沃顿商学院做过管理学教授的管理学教育先驱罗素·林肯·艾可夫退休时，有人问他“商学院教育的主要成就是什么”，他回答说，有三个：“第一，给了学生一套词汇，让他们能够权威般地谈论自己不懂的话题。第二，给了学生一套原理，让他们不管面对多少不利证据都能坚持自己的主张。第三，给了学生一张入场券，让他们能够找到一份工作，在工作中了解一下管理。”艾可夫用讽刺口吻回忆说，这个答案“让沃顿的老师爱死他了”。

19世纪做过美国西点军校校长的萨耶尔，后来给早期铁路公司做咨询，他觉得提供咨询不应收取费用，所以拒绝碰任何铁路公司打到他账户的钱。到90岁时，他得知如果不花掉这笔钱，等他去世后钱就会归政府。于是，1867年，萨耶尔用这笔钱在他母校达特茅斯大学成立了萨耶尔工程学院。据说萨耶尔工程学院是美国唯一一所要求学生入学时必须具备人文学科学位的工程学院。

20世纪初期，把结构松散、管理落后的杜邦公司变为第一家“现代企业”的皮埃尔·塞缪尔·杜邦，在麻省理工学院学习期间，勤奋好学，即使周末也常在实验室度过。他看不起“老常青藤”（即哈佛学院），认为它就像乡间俱乐部。

管理学家劳伦斯·彼得，博学多才，创“彼得原理”：在一个组织中，由于人的升擢，每一个职位迟早终于为一个不胜任者所居；真正工作的，则是那些尚未擢升到他们所不胜任的阶位者。加速提升，有两种方法：其一，是上面的“拉动”，即依靠裙带关系和熟人等从上面拉；其二，是自我的“推动”，即自我训练和进步等。前者是被普遍采用的。

专长海军史的英国历史学家帕金森先后写《帕金森定律》《追求进步》等书。帕金森说：深谙为官之道的公务员，其工作有两大宗旨：一是制造下属而非敌人，二是为彼此制造更多工作。帕金森说：由于工作效率不同于私营企业可以盈利多寡为准绳，无法作出具体衡量，因此公务员大都因循苟且。经济学家弗里德曼亦称之为“不思改进的暴君”。

天才音乐大师斯特拉温斯基视钱如命。斯氏参加荷兰音乐节，当局要赠他勋章，为他断然拒绝，他说：“我搜集的是金钱，不是勋章！”有贵妇出高价求斯氏一钢琴协奏曲，结果所得琴谱既短且难。原来斯氏嫌她出手太少。

美国名记者李普曼尝言：“一个新闻记者和国家元首之间必须要有一个很大的距离。我应该在全国记者俱乐部入口处镌刻上这么一句话：‘君王未可信。’能听得进哪怕最小批评的君王，真是少之又少，他们之中几乎没有人能离开阿谀奉承。”“一般说来，总统们都是不值得爱戴的。他们为了跻身这个位置，只好无所不用其极。”

李普曼尝言：“新闻工作者最危险的诱惑是使人认为自己是在舞台上担任公职的人。”“一个作家不是一位社会要人……他也不是一个公共机构、不是‘权势人物’和‘官方’的亲信。他是一个通讯员、一个评论员，他只不过是把自己在研究问题过程中的发现告诉读者而已。他不可能包罗万象。”

李普曼友人编撰《李普曼和他的时代》时，编者评价李普曼：“关键并不在于他永远正确或者他从未改变过主意，甚至偶尔在理论上自相矛盾，而在于半个世纪来，他发起思考、鼓励辩论、促成一些事物的明朗化，而且经常推动政策的修改，并扶持美国对于重大问题的讨论。……他为我们这一代新闻记者开辟了对自身职责更为广阔的视野。”

诺贝尔经济学奖得主阿玛蒂亚·森，原籍印度，曾任英国剑桥大学三一学院院长，是牛津剑桥创校以来首位非英籍的院长。森解说“具有视野的领导”，说领导层之高瞻远瞩要有三个先决条件：大公而不囿于私心的人才；忠诚而有力敢言的反对声音；言论自由的传媒。

哈佛-史密森天体物理学中心的欧文·金格里奇博士，也是知名的藏书家，他在1996年写的一篇讨论哈勃天文望远镜的光盘档案的文章《天啊》的结论里预见未来：“我预言这些小圆盘将成为收藏家的藏品。电脑光盘是一个时代的摇篮本，此时仍在摇篮之中……或许还不能取代印刷媒体，但是它们活力充沛，日益壮大……它们将会成为历史纪念品，未臻完美但起步很好；它们也是构建更佳天文档案的踏脚石。”

利物浦本古登堡拉丁文《圣经》，为收藏珍品，对开本，手工装帧，外配黄铜扣子、橡木板，上蒙猪皮。古书的封面上塞着一张发黄的纸片，日期是1873年2月10日，标题写着“自利物浦之汽船发货单”。字体是俊逸的草体，是美国著名书商亨利·史蒂文斯的手迹。这张发货单记录了要将这部

《圣经》售给康涅狄格州哈特福德市的乔治·布林利，价格600英镑，外加37英镑15便士的佣金和保险费。史蒂文斯另写了一页附言，为纽约的海关检查人员提供方便，其中写道："此《圣经》实是精贵绝品，自旧大陆售至新大陆……该书非惟史上首部，亦是初次印刷成册之佼佼者。美洲大陆尚未为人发现之前，欧陆民众诵读此书已近五十载。有鉴于此，请告知所在地海关之代理人，如见此历史首印之书，应行脱帽礼。……渎神或行窃之政客，勿看此书，勿触此书，否则……《圣经》亦或因此蒙难。'山姆大叔国'之海关官员，其他在朝在野者，必先举帽致敬方可观赏。"

英国著名随笔作家查尔斯·兰姆，府上藏书充盈栋宇，样子也本本差不多，怎么可能逐本分辨呢？兰姆答曰："牧羊人是怎样认清他的羊的呢？"

德库西·费尔斯是纽约一家大银行的总裁，藏有很多英国文学的精品。但他的太太不喜欢，有一天对他说：要么书滚，要么你滚。后来费尔斯把它的藏书如数捐给了纽约大学，条件仅是有足够宽敞的地方以保持藏书完整。在费尔斯的藏书过来之前，纽约大学的特藏少之又少。纽约大学费尔斯图书馆珍本室主任弗兰克·沃克后来说："敝校一直铭记德库西·费尔斯先生的无私精神。给图书馆命名时，他用了父亲哈利伯顿·费尔斯的名字以示纪念，没有用他自己的名字。

他在捐书的同时，也随之过来担任不领薪水的馆长。他在这里工作，分文不取，直到1966年去世。”

得克萨斯大学在20世纪中叶和下半叶，究竟耗资多少用于购买藏书及手稿，迄无确论。因为使用款项除了来自得州之外，还有听从得克萨斯大学主持收购的哈利·亨特·兰塞姆教授劝服的私人捐赠者。曾经担任得克萨斯大学人文研究中心馆长15年的华伦·罗伯茨说：“……不管多少，我的看法是，钱只不过是钱，人们在其他东西上的花钱方法，你简直无法相信。他们在科研上花钱时想都不想，你知道有多少吗？他们在一台机器上花费五百万美元，还没有启用就过时了。相比之下，投在人文科学的资金简直微不足道，而我们买入的所有东西都会增值。”

出身于犹太家庭的阿伦·兰斯基是美国马萨诸塞人，先后入学新罕布什尔学院、麦吉尔大学，研究犹太文化。他认定自己一生的使命是要拯救书籍，保存一种濒临灭绝的文化。虽然一些犹太组织答复兰斯基“意第绪语是一种死语言”，劝兰斯基不要浪费时间，但他仍然从碎纸机和垃圾堆填区抢救出了众多的意第绪语书籍。1929年，兰斯基在马萨诸塞州阿默斯特市成立意第绪书籍交易所，次年组建意第绪图书中心。1981年，兰斯基获得首次颁发的麦克阿瑟基金会“天才奖”。首次颁奖，获奖者有诗人、艺术家、小说家、考古学家、古生物学家、科学家、音乐家、电影制片人等，但全部获奖者中，致力于保存记载一种正在消失的生活方式的，仅兰斯基一人。

美国藏书家迈克尔·津曼曾经在1980年很不情愿地从书商那里买下了1950年至1975年的全部色情文学作品，2万本平装本，1万本杂志，5万张图片。一年后，德克萨斯大学奥斯汀分校的哈里·兰塞姆人文研究中心买下了这批藏书。因为1968年总统林登·约翰逊成立过一个什么色情与淫秽总统委员会，所有笔记，所有庭审记录，什么都有，就是缺美国色情作品的样本。到了1990年5月，津曼又收到德克萨斯大学法学院院长的信，他们入藏了这批色情作品，请津曼"赐复简历及收藏经过"。法学院图书馆认为这批藏书颇有意义，并命名为"津曼藏书"。

法兰西学院院士格扎维埃·马米耶，大藏书家，视搜书如赴盛会，为此而身穿特制衣衫。这件特制衣衫，配口袋多个，既大且深，有如大麻袋，足可装书一堆。马米耶讨价还价之余，亦不忘递烟予书贾；若遇女书贩，则自袋中掏出糖果，贻伊人巧克力糖。法国作家法朗士称马米耶的藏书，是一座"真诚、亲切的巴别塔。里面有全世界的各种语言，没有闲谈，只有甜美的诗歌，广为流传的故事，还有人类的各种风俗礼仪"。法朗士亦是巴黎左岸某书商的儿子，并以此自豪。

玛丽·海德·埃克尔斯是美国著名的女藏书家、作家，藏品以18世纪文学作品最丰富。在1990年春天纽约举办的“藏书女史十五家”展览上，埃克尔斯致开幕词，她称“女书痴”为“新物种起源”，解释五百年来为何女藏书家寥寥无几：“……一个真正的收藏家必须具备三个优势：家境丰裕，受过良好教育，享有自由身。直到最近，也只是少数女性全部拥有上述三个条件，但是时代正在变化！”

美国19世纪大印刷商以赛亚·托马斯撰著两卷本《美国印刷史》出版，获广泛好评。他在1813年的日记里提到，他向波士顿最大的活页乐谱书商纳撒尼尔·科弗利买了302本市井歌谣曲谱作收藏，不是因为自己喜欢艳词，而是“显示此时流行之淫曲为何物”。这些曲谱装订成三大册，后世借此可以了解19世纪初的大众娱乐。

美国19世纪大印刷商以赛亚·托马斯仿效伦敦文物协会，1812年在波士顿成立美国文物协会，提议在本州即马萨诸塞州发行彩票，以筹集资金为文物协会的藏书建造永久的收藏之所。托马斯的提议被州议会否决。托马斯遂自己出资在伍斯特买地，自己花钱建起了一栋宅子，以收藏文物协会之藏书。后人赞誉“托马斯为社会带来了知识活力……为社会而收藏”。

1848年，乔治·华盛顿的后人因为缺钱，把华盛顿签名的300部藏书以3000美元卖给了商人亨利·史蒂文斯。史蒂文斯是佛蒙特人，他宣布要把这批藏书卖给大英博物馆。波士顿一个私人读书社团弘文社的70位会员，遂募捐从史蒂文斯手里购入华盛顿藏书，华盛顿藏书得以留在了美国。

19世纪中叶美国大藏书家，康涅狄格州的乔治·布林利，热心美洲文献史料的收藏。他常驾着装满炊具的轻便马车，在新英格兰挨家挨户向家庭主妇售卖崭新的家用器皿，用小册子和历书即可交换。他与相邻的一家康州工厂达成协议，他们把废纸打成纸浆前先让他过目，布林利由此发现了种类繁多的文献资料，甚至还救出了一部埃利奥特主持印制的印第安语《圣经》。

美国地产业大亨华尔特·卢米斯·纽伯里从19世纪30年代开始在芝加哥买地，他虽非爱书之人，却在遗嘱里立下一条规定：若他的几个女儿死后无嗣，他留给她们的财产可用来“兴建一座免费公立图书馆”。1868年，纽伯里去世，17年后，他的太太也去世。他们的两个女儿比母亲去世还早，且都没有出嫁，家族遗产没有直接继承人。这样，纽伯里遗嘱里的这一条立刻生效，一座杰出的研究型图书馆得以建立。

亚历山大·史密斯·科克伦，纽约人，1896年毕业于耶鲁大学。科克伦继承了祖辈的地毯制造公司，1903年他的资产估价高达五千万美元。他在耶鲁读书时，特别喜欢威廉·莱昂·费尔普斯教授主讲的“伊丽莎白王朝戏剧”课程。为表达对这一门课程和教授的感激之情，科克伦在耶鲁校园附近购买了一栋漂亮的旧楼并重新装修，为本科生建立了一处艺文会社，并把自己价值几十万美元的藏书安置在会社里，供所有大学生使用。费尔普斯教授后来在他的回忆录里写道：“当年我开始讲授伊丽莎白王朝剧作家的课程，从来不会想到会有今日的情形。”

1929年股市大崩盘，美国的藏书黄金时代亦随之结束。但是很多趣味高雅的藏书家依然静悄悄地蓄志搜书。1933年，美国已陷入大萧条的泥潭，然而加州文学批评家兼藏书家保罗·乔丹–史密斯依然建议他的读者应专心致志，立定信念：“此时藏书家不应遗弃书籍……藏书将会告诉主人，昔日银行与文明均已灰飞烟灭，各届政府亦曾濒临破裂，世世代代之人类不过群愚而已。不过又是何等有趣啊。诸神应在笑看如此人间闹剧，我辈岂可不与诸神齐笑？”

1995年秋天，微软巨头比尔·盖茨购入贝特曼图片资料馆，藏品共计1600万张历史照片，堪称是包罗万象的20世纪视觉记录。而11个月前，盖茨豪掷三千多万美元买得一本达·芬奇笔记，共有72页，汇编于16世纪初期。

法国作家埃德蒙·龚古尔在遗嘱中规定：“余所藏之画作

画片、书籍古董，概言之，凡我一生所乐之艺术品，切勿转交冷寂如坟之博物馆，苦待粗忽之看客，投以蠢笨一瞥。必交予拍卖师，槌起槌落，自此散出。然则昔年搜罗各藏品之乐，皆可传诸与我气味相投之后人。”1897年，龚古尔的藏书在巴黎售卖。根据龚古尔的遗嘱，以他的遗产作为基金成立了龚古尔学会，设立龚古尔文学奖。

法兰西学院院士格扎维埃·马米耶生于1809年，卒于1892年。他把自己平生所藏书籍全数赠送给故乡小镇蓬塔利耶的公共图书馆。马米耶妥善安排好身后事，又忆起巴黎左岸淘书之乐趣，在遗嘱里写道："余尝流连左岸码头书摊，平生乐事，以此为最。左岸诸书贩皆善良诚实之辈，大可敬重。今以一千法郎相赠，计此款可供五十余书贩花费，尽兴欢宴，追思不佞。国王桥与圣迈可桥之间，多有码头，余日日穿行其间，心智清明，故借此聊表谢忱。”1892年11月20日，95位书贩及其同伴齐聚巴黎高级时髦的大维富餐厅，极尽豪华之晚宴，每席均有9道菜，主菜是猎户扒鸡和狍子配胡椒酸醋沙司，佳酿美酒，之后还有冰镇香槟和精细干邑白兰地。书贾追怀马米耶生平，豪宴非常得体地结束，没有一人酩酊大醉。

北美独立战争期间，大陆会议讨论禁止进口的协议，以作为对英国的一种和平的高压手段。会议各方提出了种种例外，比如武器、弹药等。杰斐逊对一起开会的富兰克林博士说：我认为我们应当把书籍也除外，因为我们不应当把科学拒之门外，即使它是从敌人那里来的。

1936年，德国纳粹暴徒点火焚书，把他们认为是“令人反感”的书籍付之一炬。邻国法兰西的藏书家莫里斯·罗伯特为此告诫大家：“各位朋友，请记住，你的藏书就是你的个性的镜子。”

凯恩斯双亲为剑桥名人，家中经常高朋满座，马歇尔、庇古等经济学名家常为座上客，所以凯恩斯可以算自幼受经济学熏陶。大学毕业，为参加文官考试，他又跟从马歇尔读经济学，也向庇古请益。但凯恩斯在文官考试中经济学成绩不佳。凯恩斯说：“我肯定我的经济学知识较考官丰富！”

经济学家、新古典学派创始人马歇尔嗜好登山。每年6月他离开剑桥，去登阿尔卑斯山，在山上，每天早上6时起床，8时上路，负背囊持续步行两三个小时；然后坐下休息，有时坐于冰川之前，从背囊里抽出一本歌德、黑格尔、康德或斯宾塞的著作，读倦之后，再向前行，直到行至预定歇宿之所为止。每年10月返回剑桥。太太说他每年6月离开剑桥时疲惫不堪，10月归来时则腰板挺直、昂首阔步，前后判若两人。马歇尔这种登山习惯一直坚持至80岁。马歇尔82岁去世。

萨缪尔森在被问及他怎样获得诺贝尔经济学奖时，说条件有三：必须有个好的教师；必须有可与论学而不倦的同事；必须有将他的学说发扬光大的学生。此外还得加上“好运”作为附加条件。

发展经济学家艾尔玛·阿德尔曼，伯克利加州大学农业资源经济学讲座教授，是杰出的女经济学家。她经常被女同学问什么时候生孩子最适当，她的回答是：在研究院研读博士学位时或等至获得终身教职之后。

当代人文学术大师以赛亚·伯林，1928年来到牛津大学读本科，1997年在牛津去世。1944年伯林在写给华盛顿的信里说：“伦敦是天堂，但牛津大学是七重天。”他引用德国学者恩斯特·罗伯特·库尔提乌斯的评论，“英国文化的晴雨表在牛津和剑桥而不在伦敦”（数十年后，英国著名学者蒂莫西·加顿艾什在一篇关于伯林的文章里修正说：“如果曾经是这样的话，现在已经不是了。”）。40年代中期，伯林在从美国发回伦敦的报道里还说：“与牛津大学相比，哈佛大学是一片沙漠。”

1945年9月至1946年1月，以赛亚·伯林访问了俄国，与俄国作家会面。他曾和诗人安娜·阿赫玛托娃通宵交谈，阿赫玛托娃后来写诗纪念她与伯林的见面：“他不会成为我深爱的丈夫 / 但我们的成就，我和他 / 将影响二十世纪。”

大学者以赛亚·伯林一生的学术致力于论证一种复杂、精微、多元主义版本的自由主义。英国历史学家蒂莫西·加顿艾什说："这种自由主义不是为了'搅乱20世纪'，而是试图为这一个世纪的可怕动荡寻找一个文明的答案。他的回答如此微妙、宽容、积极向上……"

经济学家鲍莫尔亦精研绘画和雕塑，他在普林斯顿大学开过一门木雕课。

罗伯特·默顿·索洛，擅长新古典经济增长理论，1987年获诺贝尔经济学奖。索洛好自嘲经济学家，曾讲过一个笑话：一群人因海难漂流到荒岛，他们找到一箱罐头食物，却无法开罐；正当大家彷徨无计时，经济学家举手发言："我能取出罐中食物！"众人大喜欢呼，问他有何妙法，经济学家说："假设我们有一支开罐器！"

爱因斯坦1922年访问哥本哈根，玻尔到火车站接他。他们两人坐电车回家，一路高谈阔论，一直坐到终点，才知道坐过了站。于是……结果又回到火车站。一说这个故事属"演义"类。

经济学家加尔布雷斯，身高六英尺八英寸（约2米），在肯尼迪总统任上做过美驻印度大使。在肯尼迪总统丧礼后白宫的酒会上，加尔布雷斯遇上身高六英尺六英寸的法国总统戴高乐，戴氏对加氏说："颇出意外，竟然有人比我高！"又问："我们和比我们矮的人有何分别?"加氏答："第一，在人群中我们比较容易被认出；第二，我们必须时刻保持端庄正直，因为我们无从隐蔽!"戴氏大为欣赏此回答。

卷四　风度·人生

颜永京，清咸丰四年（1854）到美国深造，入学凯尼恩学院。毕业典礼上，颜永京代表全班同学向来宾致辞，以“学然后知不足”为题。同治元年（1862），颜永京回国，他曾任上海的圣约翰书院（即后来的圣约翰大学）院长。光绪十七年（1891），清廷有意征召颜永京充任皇帝的英文师父，颜永京婉辞谢绝。他对家人说：“每天教书，要我向学生跪拜磕头，我如何能做得到呢！”

盛宣怀任职清廷的邮传部尚书，与四国银行团签订600万英镑合同，以供建筑卢汉铁路（即京汉铁路）之用。颜惠庆和一同事代表外务部校阅合同文字，核对中文本与英文本内容，有无两歧。颜惠庆后来回忆说，盛宣怀虽不通英文，然对颜惠庆他们所提出英文本应行修正各点，颇能扼要了解，迅予核定。颜惠庆感佩盛宣怀“确有过人之才”“在我国近代大僚中，实属一位卓越人物”“诚开我国维新建设的先河”。

近世诗人樊增祥，入民国后曾寓居沪上，为人和善易近，对后生尤恭敬，尝言：“仲尼有言，后生可畏。我辈身后褒贬，皆在其笔下耳。”

陈垣每初成著述，必先请伦明、胡适、陈寅恪等过目。

抗战时，伦、胡、陈离开北平，散处四方，陈垣在家书里说“无由请教，至为遗憾”“直谅多闻之友不易得，当以诚意求之”（语见1939年1月14日家信）。1940年1月7日，陈垣在一封家书里又写道：“文成必须有不客气之诤友指摘之，惜胡、陈、伦诸先生均离平，吾文遂无可请教之人矣。非无人也，无不客气之人也。”陈垣1945年写毕《通鉴胡注表微》，10月7日在家书里又说：“青峰走后，余竟无人可商榷也。”“余极念之。”“余极愿他回辅仁也。”青峰，即柴德赓，陈垣先生在北师大历史系所教授的得意弟子，1944年年初离开北平，举家南迁，后应李霁野、台静农、魏建功之邀，执教国立四川白沙女子师范学院兼任图书馆长，1946年返回北平，任辅仁大学历史系教授。

方豪1946年撰著《爱国史家陈援庵先生》一文，陈垣在家书里说：“方著爱国史家，已见，标榜太过，恐惹人反感。”陈垣，字援庵。

黄现璠1938年到广西大学任教后，遍读校图书馆所藏史籍古书。陈寅恪1941年夏应广西大学之聘到校任教。陈寅恪在校图书馆所借文史书籍的卡片上几乎每本都见“黄现璠”之名，他未借之书的卡片上也有许多记有“黄现璠”之名，万分惊奇，便问当时的校图书馆主任：“黄现璠何许人？我借过的书他借过，我未借过的书，他也借过，广西大学竟有与我同样如此嗜读好学的同道中人，看来我辈不可妄自尊大！我想拜会一下此人。”不过此时，黄现璠已到中山大学任教授。

陈垣书案上有钱竹汀先生之笔筒、毕秋帆先生之砚、全谢山先生之瓶。陈垣1930年9月26日的家书里写道：“三人皆清代有名史学者，日夕相对，读书精神为之一振，快何如也。”

1926年8月，奉系军阀张作霖要以武力接收故宫博物院。陈垣、马衡等尽力抗争。8月8日上午，宪兵司令部派人逮捕正在故宫工作的陈垣，迫于压力，当日下午又释放。但仍派两名宪兵至陈垣西安门大街家中监视，历时一百余天。8月8日下午释放时，陈垣不肯离去，一定要问明白，究竟何事被捕。据说事后宪兵司令王琦还对人说：陈某太可恶，放了他还不肯走，一定要问为什么捕他。

吴芳吉1918年计划留学日本东京，汤用彤力劝吴芳吉改学艺术为习新闻，汤用彤在给吴的信里说：“美术固可陶养性情，究非民生大计切时之务。至于以美感代宗教，则虽有其说而实属空谈，世界各国俱无发达到此程度。至日本可成行，能学新闻业最妙。以此事近于文学，又不蹈空言……”

1931年九一八事变后，日本飞机在北平上空盘旋，汤用彤在北大红楼给学生授课，讲佛教史，汤先生说“我的声音压过飞机的声音”。

1947年，汤用彤在北大任教授，傅斯年又请汤先生在中央研究院兼职中研院史语所驻北平办事处主任，月薪200元。汤先生接受了兼职，但退回了薪金，说：“我已在北大拿钱，不能再另拿一份。”

汤用彤留学归来任北大教授，与冯友兰、钱穆、蒙文通、张东荪、梁漱溟、林宰平等时相过从，而无门户之见。钱穆与傅斯年有隙，熊十力在佛学、宋明理学问题上常与吕澂、蒙文通相左，争辩不休，汤用彤则“每沉默不发一语”。他们各方都和汤用彤相得。梁漱溟或谈及政事，亦有争议。汤用彤则“沉默依然”。吴宓一意捍卫传统，对倡导白话文的胡适意见甚大。汤用彤虽为学衡派核心成员，持自由的文化保守主义，而又与胡适、吴宓相处颇善。盖汤用彤为人素不喜争，而不是汤先生没有学问、没有思想。钱穆因此赞汤用彤为“柳下惠圣之和”。钱穆说汤用彤“为学似一事，其为人又似一事”“与时而化，而独立不倚，极高明而道中庸”。吴宓1938年10月5日的日记里说：“汤用彤君对友，于私情上甚为关切。然其世故最深，故亦最得人心……其治事处世，纯依庄老，清净无为，以不使一人不悦为原则……”汤用彤因此有“汤菩萨”的雅号。

高步瀛留学日本，归国后，曾任教育部社会教育司司长。

1927年，张作霖在北京组织军政府，自称大元帅，高先生不屑为伍，遂辞司长职，专任国立北京师范大学教授。高步瀛身材高大魁伟，平时穿一身灰布长褂，严冬时，穿着肥大的棉布袍，外加一件棉背心，上衣扣上挂一个眼镜盒，戴一副黑边眼镜，嘴边有些短白胡须，满脸慈祥微笑中，显现严肃博学、朴实敦厚的北方学者的庄严相。讲课时，微有些口吃，不善于言辞；但讲课非常出力认真，选听他的课的学生总是满堂满座，其中还有不少北大等的外校学生。尤其他所讲各课的讲义，外校来旁听的学生都事先向注册组登记预订，十分珍贵。鲁迅先生曾讲过：高步瀛先生是个行不违其所学的人，他高就高在这里。

抗战结束后，梁实秋、李长之同在北师大执教，住同一院。一日，长之太太买菜归来，把菜筐往桌上一抛，其中的豆芽、白菜等等正抛在长之的稿纸上面，湿污淋漓，一塌糊涂。伏案为文的长之大怒，遂起争端。梁实秋语长之：太太冒暑热买菜是辛苦事，你若陪她上菜市，回来一同洗弄菜蔬，便是人生难得的快乐事。做学问要专心致志，夫妻间也需一分体贴。长之默然，其后不复有勃谿之声。

洪业先生身材颀长，上课时西服革履，风度翩翩，一面吸着烟斗，一面侃侃而谈，声音洪亮，语言诙谐。他留学美国时，曾细心地研究过西方的演讲术。

北师大教授钱玄同向来不判考卷，学校为此刻一个木戳，上写“及格”二字，收到考卷，盖上木戳，照封面姓名记入学分册。钱在北大兼课，讲“中国音韵沿革”也是这样。钱在燕京大学兼课，考卷不看，交与学校。学校退回，钱仍是不看，也退回。于是学校要依法制裁，说如不判考卷，将扣发薪金云云。钱作复，并附钞票一包，云：“薪金全数奉还，判卷恕不能从命。”

抗战初期，几位清华教授从长沙去昆明，汽车途经镇南关，著名哲学家冯友兰教授手臂触城墙而骨折。金岳霖后来对冯的女儿说：“当时司机通知大家，要过城门了，不要把手放在车窗外。大家都很快照办，只有你父亲听了这话，便考虑为什么手不能放在窗外，放在窗外和不放在窗外的区别是什么，其普遍意义和特殊意义是什么。还没考虑完，已经骨折了。”盖冯友兰一辈子所钻研的问题就是事物的普遍性和特殊性也。

民国初年，蒋百里曾任保定军校校长。他上任第一天便向学生讲话，所讲除办好学校之外，断言自己“如不称职，当自杀以明责任”。后来军校的经费发生问题，身为校长的蒋氏亲自赴京请款，被北洋政府置之不理。他回校后，便召集全校训话：“我初到本校时，曾经教导你们，我要你们做的事，你们必须办到；你们希望我做的事，我也必须办到。你们办不到，我要责罚你们；我办不到，我也要责罚我自己……不能尽责就得辞职，但是中国的事情到处都是一样，这儿办不通，那儿也未必办得通。你们不要动，要鼓起勇气来担当中国未来的大任！”说罢，一声枪响，自杀倒地。蒋百里后经抢救，未死，但从此离开了军校。

梁实秋说：胡适书法，字如其人，清癯消瘦，而且相当工整，从来不肯作行草，一横一捺都拖得很细很长，好像是伸胳膊伸腿的样子。不像瘦金体，没有那一份劲逸之气，可是不俗。

胡适说蔡元培的字瘦骨嶙峋，和一般人点翰林时所写的以黑大圆光著名的墨卷迥异其趣。胡曾问蔡，以他那样的字何以能点翰林，蔡答：“也许因为当时流行的是黄山谷的字体罢！”一说是元培答钱玄同问。

早期旅美华工丁龙（姓丁抑或姓龙，已不可考），受雇于美国卡本迪将军为仆人有年，勤劳诚实，深得主人信任。故当丁龙退休之时，卡本迪将军赠以巨资——据说是美金两万元——为退休费。丁龙在谦辞不获之后，竟以全款转赠哥伦比亚大学为“研究中国文化”之用。卡本迪将军感于丁龙义举，乃加捐巨款，凑成十万元为哥大特设一“丁龙讲座”，以纪念这位了不起的华工。

1929年前后，章太炎寓居上海鬻书为生，经济颇为拮据。

这年春应杭州昭庆寺方丈之邀，章太炎偕夫人汤国梨、门生陈保康（即后来成为上海名医的陈存仁）到昭庆寺小住。寺内供奉的素斋虽丰盛，但食久乏味。一日兴起，章太炎等人乃赴楼外楼小酌。楼外楼主人一见国学大师莅临，殷勤招待。章只点了三味菜：醋熘混鱼、东坡肉、蜜汁火腿。主人见了菜单说："大师太节俭了，这些菜是不够吃的。"自作主张在上菜的时候添了不少名肴。章太炎也不问究竟，饱餐之后，看到邻桌已铺好纸墨笔砚，即离座而起，拿起笔问主人要写什么。店主回答说："但求墨宝，听凭大师挥毫。"章太炎居然写了一首张苍水的绝命诗，洋洋长篇。传说，楼外楼主人得了章太炎所书墨宝，竟以200银圆出售于人。

胡小石教授家中常常高朋满座。他的一些高足，如曾昭遹、徐复、金启华等，也常上门请教，胡小石与弟子们谈笑风生。每到就餐时分，弟子起而告辞，胡先生总是热情留客吃饭。他的长女胡令晖还记得新中国成立前有一年，保姆见胡小石又留客吃饭时，面有难色地说："先生，家中没柴烧饭了。"当时市面上柴草紧张，购买脱档。胡小石却慨然应答："无柴烧不要紧，把我书房里的报纸拿去烧就行了。"

教育学家陈友松早年留美，20世纪40年代初期任湖北省立教育学院院长，当时湖北省主席是陈诚。有一次，陈友松在上课，陈诚来学校，院长室秘书到教室向陈友松报告说

“陈长官来了”，说完便退在旁边。陈友松在讲授告一段落时问：“他来校有什么事？”秘书答：“来校看看。”直到下课铃响，陈友松才从容迎宾。陈友松从此获得“书呆子院长”的外号。陈友松后来到北师大任教。

1932年，在无锡国学专修学校任国文教授的钱基博曾给学生出命题作文，有一道题目是“砭党治”。特务告密，诬陷他意在挑动学生反对政府。蒋介石电饬江苏省教育厅秘密查办。钱基博非常气愤，给无锡乡谊、国民党元老吴稚晖写信，揭发国民党的苟且行径。吴稚晖后来回信，声明“误会了”。此事遂不了了之。

历史学家、民族学家黄现璠教授当年还在北师大历史系读本科二年级时，即编著《中国通史纲要》上、中、下三册，1932年至1934年由北平文化学社出版。黄现璠说，他写这部通史纲要，得到邓文如（邓之诚）师的指导和帮助，体例参照文如师《中国通史讲义》，以章节体和纪事本末体相结合的形式；同时接受峄山（王桐龄）师《中国史》配以大量附表的形式。《中国通史纲要》出版后，黄现璠得了稿费300余元，他将稿费全部寄回了广西老家，给了生父甘新昌。生父则按黄现璠的心愿，拿出一部分钱，雇人在新村三岩旁修了一条山路，以供村民出行方便。这条山路，直到1980年黄现璠重回家乡探亲时，村民还在天天使用，念念不忘“新昌路”造福村民的实惠。

蒋英是蒋百里的第三个女儿，名门闺秀，优雅而聪慧。蒋百里和钱学森父亲钱家治是多年至交。钱学森和蒋英从小就熟识。钱学森向蒋英求婚体现了一个“工科直男”的风格，单刀直入，没有一点儿浪漫趣味。1947年7月，钱学森从美国回到中国，他向蒋英求婚说：“怎么样？你跟不跟我走？”蒋英拒绝了钱学森。几天后，钱学森又对蒋英说：“怎么样？你重新考虑过了吗？我们结婚吧。去不去？”钱学森非蒋英不娶，蒋英最终接受了钱学森的求婚。不过婚后生活，蒋英令钱学森变得柔和了许多。在蒋英的影响下，钱学森逐渐适应了“家庭妇男”的角色。

沈有鼎是金岳霖的高足。传说有一次金岳霖讲到一本新出的数理逻辑专著，沈有鼎站起来说，这本书你是读不懂的。金先生只是“唔”了一声，也不以为忤。

王季迁是近世书画大家吴湖帆“开山门”第一个弟子。王说吴先生出身望族，兼有一身极深的名士气息，冲和温雅，外圆内方，平日总是满面春风地微笑，意态蔼然，从来没见他老人家为了金钱的事而与人做分毫必较的争执，好像什么都是有话好说。对穷朋友辄不吝作画奉赠，并以此为乐事。

王季迁说吴湖帆书法属于天才的创造，浑厚而雅，他中年以后就没有临过什么帖，虽信手写来，而能自成一家，灵气四溢。可见中国的书画艺术与作者本身内在精神涵养是大有关联的，书如其人，画如其人。

叶公超以治英国文学著称，后从政，后半生宦海浮沉。晚年以绘画书法自娱。识者或谓，叶先生晚境看似平静，但总有一种沉重的挫折感。

翁文灏以学者从政，抗战时在重庆做经济部部长。翁治事治人亦严，即星期日也到办事处批阅公文，据说他有时以骈俪文体自撰批示。

伦明，广东人，北京大学教授，月薪四百大洋，还担任过道清铁路总务处长的肥缺，然而薪俸所得，除了糊口之外，全部用于买书。伦明常着破大衣、破鞋袜到琉璃厂买书，厂肆伙计呼他为“破伦”。

抗战时期，刘文典在西南联大任教。他家住市郊官渡，离学校较远，当时日本飞机常对昆明进行空袭，但刘文典从不缺课，他说：“我宁可被飞机炸死也不能缺课。”

刘文典自律甚严，也不是一味地自视甚高。在西南联大时，他对陈寅恪敬重有加，公开承认自己学问不及陈氏之万一。刘文典说：“陈寅恪才是真正的教授，他该拿四百块钱，我该拿四十块钱。”

考古学家、西北史地专家黄文弼先生，曾和斯文·赫定一起考察新疆。黄文弼身材瘦弱，脾气倔强，斯文·赫定回国后在出版的《长征记》里，称赞黄文弼是个“博大的学者”。

严耕望52岁时编定《唐史研究丛稿》，在序言里说自编文集有积极、消极两重意义：“自觉学有所成，已可集结提供他人参考，此积极之意义也。自审不能再有进境，集结旧作，期广流传，此消极之意义也。”此说颇诚恳。

严耕望当选“中研院”院士，一时校外演讲邀请甚多。严在课堂上以身示范，勉励学生勿以外务妨碍研究工作，并谓邀请讲演者皆慕名而来，非为追求学问，若答应一个，其他亦难于推辞，日后恐不胜其烦。莫如一概回绝，以息事宁人。

严耕望在名利面前“澹泊自甘、寂寞自守”。严耕望执教的香港中文大学，1973年秋历史系讲座教授牟润孙将退休，有讲座教授一席空缺。香港的大学采用英国大学制度，每一系只一位“讲座教授”，且为终身制，其余全部为讲师。当时已经是“中研院”院士的严耕望众望所归。但严耕望婉言谢绝了讲座教授的席位，因为讲座教授需兼行政，而行政工作在严耕望看来会分散掉学术研究的时间和精力。因此，直到65岁退休，严耕望在香港中文大学都只是一个高级讲师。严耕望后来写《钱穆宾四先生与我》时回顾此事，说：“至于一般人所看重的名位，我自信已不必以任何高级职位头衔来作装饰了！这不是我过分自负，而是觉得，若有志事功，名位权力诚不可少；但就一个纯学人而言，任何高级名位头衔都是暂时的装饰，不足重视；只有学术成就才是恒久的贡献……”

钱穆晚年居台北素书楼，或常有寂寞之感。钱穆最后一封致严耕望的信写于1982年7月1日：“弟驾此来，能多获畅晤，一抒积念之悃。人生快事，宜无过于此！”严耕望后来说钱穆先生：“一则人到老年，往日友朋渐见凋落。……二则先生学养博通，天分太高，境界亦高，一般人或许多难领会……”

王瑶曾在课堂上和学生说，他自己编写的《中国新文学史稿》，几年后会被用作包花生米。

杨向奎曾在一篇文章里说史学家童书业：“童先生多才，博学而长于绘画，但衣冠不整，落拓不羁，有六朝之流风余韵。”

黄药眠是美学家。1956年，他发表长篇论文，力主“美是评价”说，发动并参与了新中国成立后美学的第一次大讨论，既批评了朱光潜，也不同意蔡仪，对李泽厚的看法也持保留意见。可黄先生于1957年3月至5月间，特地把朱、蔡、李等先生一一请到他任教的北师大中文系讲美学课，让他们阐述各自的观点，他坐在教室里含笑而听。

1978年重阳节前，夏承焘夫妇到陈贻焮家住。陈拿出自己的诗，请夏先生指教。夏很幽默，说：“陈先生，您的诗不能再写了！”陈很惶恐，夏又说：“你知道为什么我在杭大万人大会上挨斗吗？就是因为我的词写得太好了。”陈请夏指导他的学习，夏先生只是说：“我这辈子最大的遗憾，就是对杜甫懂得太少了。”

一位青年学者的论文《非洲国家课程多样化运动述评》投到北师大顾明远教授主编的杂志《比较教育研究》。文章尚未发表，顾写信给这位青年学者，“请求”这位学者“允许”他引用这篇论文，作为他在国家教委一次专家会议上的部分发言数据。顾强调说，他只引用论文数据作口头发言，不会在这篇论文发表以前写文章时引用。这位青年学者事后说：没想到国内外著名的比较教育学家顾明远先生对年轻人如此尊重。

钱瑗，北京师范大学外语系教授。北师大曾和英国合作培养“英语教学”研究生。钱瑗常和英方管事人争执，怪他们派来的专家英语水平不高，不合北师大英语研究生的要求。结果英国大使请钱瑗晚宴，向她道歉，同时也请她说说她的计划和要求，钱瑗的回答头头是道，英大使听了点头称善。又一次，北师大招待英国文化委员会派来的一位中英合作项目监管人。在北师大工作的英国专家说这人已视察过中国许多大学，脾气很大，总使人难堪。不料这人和钱瑗教授谈话之后非常和气，表示十二分的满意，说“全中国就是北师大一校把这个合作的项目办成功了”，接下来慨叹说：“你们中国人太浪费，有了好成绩，不知推广。”

1979年，张岱年教授给北大哲学硕士生讲“中国哲学史史料学”，人大讲师姜法曾随班听课，做详细笔记。后姜英年早逝，家余妻小，经济困难。1983年，张岱年整理撰著《中国哲学史史料学》书稿，参考了姜的笔记。书稿出版，张将稿费分送姜的遗孀。1988年前后，张岱年和学生程宜山合著《中国文化与文化论争》，张提出思想和框架，以张的“文化综合创新论”为纲，程执笔。该书出版不久，程亦英年早逝。程家庭经济不宽裕，张将全部稿费送给了程家。除稿酬，张多次在经济上帮助姜、程二家。

朱兆莘，京师大学堂师范馆（今北师大前身）毕业，后被保送美国留学，哥伦比亚大学博士，做过伦敦代理公使、旧金山总领事、意大利公使等。温源宁著文说有些面孔像法国的勃艮第红酒，那么文雅、丰润、文质彬彬的温情，而朱兆莘呢，却有啤酒的风味：温和、随俗，仿佛能使地和天、过去和现在混合在一起，使人有些自我陶醉之感。朱先生做外交官，无论语言上还是行动上，都是民主主义者。温源宁说他没法想象朱先生会轻视任何人、任何事情，对那些需要他帮助的人，他殷勤关注；对那些不需要他帮助的人，也总是满面春风。他诚以待人，大受欢迎。他不装腔作势去吓唬任何人。在最卑贱的人面前，他也不摆架子……

温源宁教授写丁文江，勾勒了一幅素描：丁文江先生具有编写大英大学丛书和剑桥科学手册的头脑，却写不出一本培根《新工具》那一类的书。他是中国最伟大的实干家之一，但他不是学者，他想什么就做什么，做什么就想什么，跟罗盘一样准确无比，他反感于幻想家和预言家。

温源宁著文写胡适，称胡适有真正的民主作风，毫无社交方面或才智方面的势利眼。他把胡适归入18世纪的伏尔泰、狄德罗、边沁、达·朗贝尔这样的“哲人”群：有些俗人的风味，有些学者的风味，有些实干家的风味，也有些哲学家的风味。他们著书立说，有实干家的乐观主义和信心，文笔清清爽爽，是权威性的。

温源宁说哪个女人也不要以为徐志摩爱过她而得意，他爱过的是自己内心里的理想美的幻象。

社会学家吴文藻1985年去世，告别会上没有用哀乐，而是播放了贝多芬的《悲怆》。吴文藻孩子对记者说，父亲一生坎坷，用《悲怆》这首乐曲很贴切。

冰心认为巴金最可感佩的是真诚，无论为文还是为人。1957年的一天，萧乾已戴上“右派”的帽子，被通知去怀仁堂开会。会场上，没有人理萧乾。萧乾也知趣地缩在一个角落里。这时，巴金特意走过来，和他打招呼，并在他身边坐下，萧连连说："这不是你坐的地方。"巴金向萧乾问这问那，嘱咐他"要谨慎"。直到出席会议的周恩来总理在喊巴金的名字，巴金才起身离开。

语言学大家王力曾写过一篇小文章，题目是《谈谈写信》，教青年如何写信封。王力在文章里说，信封上收信人的姓名，是告诉邮递员将信件送给谁，因此不应称"伯伯""姐姐"这类私人间的称呼。有人写"父亲大人安启"就更可笑了。可以泛称"先生""教授""同志"。文章发表后，不料这善意的提醒引起一名读者强烈反对，这人写信给王先生居然称他"老不死的"。王先生谈起此事不仅面无愠色，而且笑得十分天真。袁行霈后来说，王力先生的雅量如果写进《世说新语》，跟谢安等人相提并论也毫不逊色。

"十年动乱"开始，启功先生作为"摘帽右派"又被打为"准牛鬼蛇神"，一天到晚不断地接受审查，又要接受集中学习和劳动改造，家中也被查封。老伴儿和亲人担心他的精神状况，启功先生一如既往地微笑："你们放心，我事情忙着呢，没时间琢磨自杀！"启功先生还写了一副对联："草屋八九间，三径陶潜，有酒有鸡真富庶；梨桃数百树，小园庾信，何功何德滥吹嘘。"考古学家苏秉琦先生也有此经历。他在"十年动乱"中被当作反动学术权威，受尽磨难和屈辱。家人担心他，他对家人说："……都六十的人了，已无所顾忌，想进棺材很容易，但那样太不值得……我可以有十个理由宁折不弯地愤愤离世，但我有一条信念让我学习韩信，那就是我还有我的事要做。”苏秉琦还告诉自己的孩子“要学会沉着，要学会忍辱负重，要懂得如何迎接逆境”。苏秉琦特别赞赏顾颉刚的人生态度，苏先生对孩子们说：“顾颉刚先生，一边受到了鲁迅先生的一再责骂，和郭沫若也有笔墨交锋，一边又受到胡适的同情与赞扬。新中国成立后在历史所的处境一直不好，有的挚友还成了右派，这些要是放在你们的头上会怎样？还活不活？可人家照样写他的东西，坚信他的国学研究和历史文化研究有意义，手上的毛笔一天也没有搁置，仿佛总是在向将来的人诉说什么。这是一种精神……”

考古学家苏秉琦“心眼软”，同情弱者，关注底层。他一贯尊重基层工作人员，相信他们的创造力和潜力，也尊重各行各业前来向他求教的人。直到晚年体衰之前，他几乎对每封来信都认真回复。他多次对自己的孩子说：“眼睛向下，这是做人的基本态度。”

反右派运动中，北大学生尖锐批判苏秉琦，苏先生豁达大度，从来没往心里去。苏先生曾对夫人说：“学生嘛，天真没有歹心，有啥可怕，算不上是人身攻击。如果他们没点热情和志向，怎么能成？骂就骂呗，多少人被骂了多少年，还不照样吃饭、做学问？你说话、写文章之前就要有被人骂的思想准备，听听学生骂有好处。”

物理学家严济慈20世纪80年代初曾说：“一个科学家成为杂志、报纸上的新闻人物并不难，但要成为一个书本人物，至少是几十年，书本上都要提到他的研究成果，这就很不容易……”考古学家苏秉琦后来说：“……做学问的人不能满足于做新闻人物，而要扎扎实实做研究工作……争取做一个书本人物。”

古文字学家唐兰在1979年1月的一个清晨去世。那天清早，他在书房里，正在读书，然后就手持一本古书，俯首桌面而去了。

孙儒泳院士的学生张立，在北师大生命科学院从本科一直到跟孙先生读博士毕业留校。张立办完留校手续，兴高采烈地去跟孙先生报告。孙先生只是说下午到家里来我们好好谈谈。下午张立到了孙先生在北师大小红楼的家。坐在书房里，孙先生笑着说：我要跟你说三个事情，第一，首先祝贺你顺利留校任教，我的很多学生都没能有这样好的机会留下，你一定要珍惜；第二，我们的师徒关系是永远的，但是你今后需要独立开展工作，我可以帮你代招一个研究生，你来指导，申请自然科学基金你可以挂我一次名字，但是以后你就不能再用我的名义去申请项目了；第三，未来你还要多学习新的知识，需要去开拓一些别人没有做过的工作，很多新东西我可能也没接触过，也不是什么都懂都了解，可能帮不到你什么忙，但是有问题还可以来找我讨论，我们以后也是同事关系了。这天的谈话，张立一直记着。孙先生去世后，张立在纪念孙先生的文章里讲了这件事。

袁行霈教授说林庚先生是一位无心可猜的、透明的人。在林先生95岁的祝寿会上，任继愈先生说：跟他在一起不用担心什么，他不会像有的人那样，把别人的话记在小本子上去告状。

近世出版大家赵家璧20世纪80年代中期在《新文学史料》上发表长篇回忆《老舍和我》。文中说，1949年12月老舍回国后，交给他的第一部小说是《骆驼祥子》，给晨光出版，小说的结尾部分作了较大的修改。北师大中文系教授朱金顺手头有3种《骆驼祥子》版本，北师大图书馆也有2种，版本较齐。朱金顺核对后，知道赵先生记错了。朱金顺梳理了《骆驼祥子》的版本，小说确有4种结尾，但晨光出版公司1950年5月出版的《骆驼祥子》结尾并没有修改。朱金顺以后学而给前辈赵家璧先生写信，报告他核查的结果。赵家璧先生极为认真，自己也多方找原书印证，证明了朱金顺考证的正确。赵先生复信朱金顺，说明自己记错了。后来《老舍和我》收入《文坛故旧录》，1991年三联书店出版时，还删掉了这段文字。

“十年动乱”结束，吴林伯执教武汉大学中文系，倡“朴学”，经学入手，重在训诂。吴先生又不喜与俗人周旋，被嘲笑为“冬烘先生”。吴先生不以为意，尝语学生云：“非议再多，坚定不移；处境再窘，坚定不移；困难再大，坚定不移。”

画家庞薰琹曾在自传中写道：“我从不给学生改画，更不愿意别人在我的画面上修改。在国外学习时也是如此，只要画面上教师动过笔的，我一幅不留。在我构思的时候，我忍受不了别人提意见。”20世纪20年代末庞薰琹已在巴黎美术界闯出一些名气，一位子爵提出“每月两千法郎”和优厚的吃住条件，要求他每月最少拿出2幅油画和50幅用中国毛笔画的速写，但同时附带条件：今后10年内庞薰琹不能随便改变画风。庞薰琹立即拒绝，他坚持“要有创作的自由”。庞薰琹回国后，也曾有一位银行家以200元润笔费希望庞薰琹依据照片为他去世的太太画像。庞薰琹初稿画好后，银行家的家人不断提出修改意见，庞薰琹恼火了，说：“润笔我不要了！这幅画我自己留着作为创作。”

庞薰琹留学回国之初，有人介绍他去做张学良的艺术顾问，只要陪少帅跳跳舞、骑骑马就好了。庞薰琹一口回绝：“我只懂室内装饰，其他一概不懂，也不想学。”1932年，蒋公馆请庞薰琹为蒋介石画一幅名为《未来的中国》的肖像，庞薰琹想都没想就说："请另请高明。"抗战爆发，庞薰琹到云南，在中央博物院研究文物。当时的国民政府要求所有研究者必须加入国民党。庞说"大不了还去做自由职业"，拒绝了这个要求。

陈岱孙获哈佛经济学博士学位后，回国任教。初期，他并不就是死心塌地以教书为毕生事业，1928年和1929年两年暑假，陈岱孙在南京，虽然官场的风气已有胜于旧军阀政权者，然而宦海的积习、人际的关系，还是令他望而生畏，他想起少时读《孟子》一书有"胁肩谄笑，病于夏畦"一语，自分不是做官的材料，从此以后绝意仕进，以教书为安身立命的事业。

陈岱孙身材伟岸修长，双目炯炯，学问既好，治事明快，公正严谨，思虑细密周至，在大学同人中威望甚高，所以年纪轻轻就在朋友圈里被尊为"岱老"。

林风眠出生在广东梅县的一个小山村里，爷爷是石匠。林风眠后来到法国第戎美术学院求学，校长杨西斯先生和他交谈，他说自己石匠出身，杨西斯校长误把"石匠"理解成"雕塑家"，林风眠非常坚持地对校长说："不不不，我是个石匠，不是雕塑家。"

抗战军兴，林风眠在政治部设计委员会谋了个虚职，以微薄的薪水维持生计，隐居在嘉陵江边军政部的一座仓库里。

他在这个土墙黄泥地的仓库里生活了近七年，自己买菜、生炉子、烧饭、洗衣、打扫，屋里只有一张木桌，菜刀、砧板、油瓶堂皇列于画纸毛笔之侧。国民党中央委员刘建群拜访林风眠，见如此陋室，感慨道：“住在这种地方，不是白痴，就是得道之人了。您得道了。”林风眠事后对人讲：“在北京和杭州当了十几年校长，住洋房，乘私人轿车，身上一点人气几乎耗光了。你必须真正生活着，能体验今天中国几万万人的生活，身上才有真正人味。首先是‘人’，彻底‘人’化了，作品才有真正的生命活力。”

1982年3月，面向全国的科学基金委员会成立。卢嘉锡时任中国科学院院长，他在会议上要求中科院院部动员研究所少申请科学基金，他说：“高校比我们更艰苦。”卢嘉锡的话当年即见效，科学院的基金中标率急剧下降，高校则一下子上去了。国家教委有人立即说：我们高校中奖率是多少，你们科学院就那么点能耐！”卢嘉锡院长听到后一笑置之。

刘大白去世后，老友陈望道撰文《大白先生的不死之处》，文中说刘大白不擅长教育行政。蒋梦麟则相反，对大白的行政能力评价甚高。1928年蒋梦麟回浙主持教育当局，把大白从复旦拉出来做秘书长，蒋对刘说：“大白，有人不敢请教你，有人不配请教你，我也敢，也配，你来不来?”后来蒋梦麟到教育部成了部长，大白稍迟也被任为次长。

刘大白曾说自己最受八股、数学和佛经的影响："数学使我养成比较合理的头脑；佛经养成我的牺牲性、勇往性；至于八股……我却从它那里得到头脑比较细密的锻炼。我还从佛经里得到宗教性的泛爱。"

琦君在之江大学国文系读书，将毕业，国文系主任夏承焘先生在黑板上写了两句对子赠送给学生："要修到神仙眷属；须做得柴米夫妻。"

中国有所谓为学之晚得。一个人晚年爱读的诗，可能也往往是他对人生最后沉思的一种反映。王佐良治英国文学，钱锺书说他的英语写作胜于前辈的一些人。据说王佐良晚年喜读英国诗人蒲伯的作品，这或许也反映了他宁静的心境。

文艺学家、诗人、北师大教授黄药眠去世前，学生程正民教授去看他，说他命大，哪次都能挺过去。黄先生平静地说自己这次不行了，他要到"另外一个世界"去了，让同事和学生不要给他开追悼会，只要为他开个欢送会。

1947年杨振宁在芝加哥大学读博士，选择了几个重要的理论难题开展研究，一开始都还没有结果；做实验也不顺，实验室流传着"哪里有爆炸，哪里就有杨振宁"。杨振宁于是给黄昆写了一封信，诉说自己的"幻灭感"，因为原先对自己的学问很有信心，心气也很高。黄昆在回信中用他的导师莫特作为例子鼓励杨振宁。黄昆在信中写道："我每看见莫特一个人所有的影响，就有感想。真是所谓‘万人敌’的人，他由早到晚没有一刻不是充分利用。做自己的研究，帮助许多人做研究，组织各种实验室内外的专门讨论，参加国家各种专门委员会，处理系内各事，还时时出国去演讲……也就是像他这样的少数几个人就支撑了整个英国的科学研究。”黄昆还写道：“如果把雄心放在超出个人之外的事业上，人格的力量立刻就增加，没有幻灭只有新鲜的挑战……比方说，成功地组织一个真正独立的中国物理研究中心对你的重要性，应该比得一个诺贝尔奖还高。同时在这步骤中，致力于事业的心也一定要凌驾于实现自己地位之上。”

意大利文艺复兴先驱彼得拉克一生嗜书，传说彼得拉克逝世时，身处藏书之中，头垂在初版的拉丁文《伊利亚特》上。

莎士比亚虽说不是腰缠万贯，但肯定非常富有，他的收入来源包括写剧本的稿酬、演出的报酬、作为“股东”及环球剧院的“管理者”或合伙人的分红以及其他理财收入。据推测，大约每年收入250英镑，当时教师的平均工资是每年20英镑，熟练工人则为8英镑。莎士比亚后来在遗嘱里留下了价值350英镑的遗产和一处价值1200英镑的房产。

莎士比亚生于1564年4月23日，卒于1616年4月23日，生卒日在同一天。史家称莎士比亚的遗嘱是一份明智审慎、有条不紊的文件，体现了莎士比亚突出的务实性格。莎士比亚在遗嘱里分配了他的遗产给家人、亲戚、邻居和国王臣民剧团3位同事，还留下10英镑用以救济斯特拉特福的穷人——虽然这不算一个大数额。

某一领域的天才很可能在生活的其他领域也是顶尖高手。威廉·特纳爵士不仅是政界显要，还是赫赫有名的商人；托马斯·莫尔既是空想社会主义的创始人，还是出色的律师；"英国诗歌之父"乔叟也是出类拔萃的外交官；莎士比亚是大剧作家，也善于理财，他在自己老乡眼里是一个有名的放债者。

看萧伯纳对于莎士比亚和他自己的比较论调，会以为萧伯纳是一个妄自尊大的狂人。可是早年毕业于北京高等师范学校（北师大前身）英文科的熊式一说，他第一次和萧伯纳会面时，萧伯纳已经八十高龄，熊才三十来岁，可是萧伯纳对他这位客人礼貌和悦易近，也不喜欢滔滔不绝地说自己。熊式一说萧伯纳吃素，但从不使人特别为他费事。用餐前，萧伯纳对熊式一说，他自己虽然吃素，他夫人和客人都吃鱼和肉，各适其适。

吉川幸次郎，日本著名汉学家，京都大学教授，曾留学中国。吉川以被称为中国人而自豪，他在京都大学任教授，曾一度要求加入吉川讲习会的日本学生必须身穿中国长袍马褂参加讲习会，旨在让学生亲身体验中国国民的礼仪文化

（南京国民政府于1929年公布的《服制条例》中正式将蓝长袍、黑马褂列为国民礼服），学生在讲习会上发言也必须说中文。

美国开国元勋杰斐逊曾两任美国总统，但他不认为当总统可以算作他一生的大事，晚年杰斐逊总结自己一生完成的三件大事是：起草《独立宣言》，起草《弗吉尼亚宗教自由法案》，创建弗吉尼亚大学。

德鲁克年轻时在银行工作，提出一项方案，领导指示他与某位职员探讨，德鲁克认为此人很蠢。领导告诉德鲁克，事情到最后总要由蠢人来执行，如果此人不理解，说明方案太复杂。

19世纪英国学者约翰·斯图加特·密尔著女权著作《论妇女的从属地位》。他和泰勒夫人维持了21年不寻常的关系后终于结婚，婚前两个月，密尔发表了一个声明，宣布绝不使用当时的婚姻制度所赋予的任何特权，保证泰勒“将在一切方面保留行动的绝对自由，保留处置她自己以及目前或今后任何时候将属于她的任何东西的自由，就像婚姻从未发生过一样”。

屠格涅夫撰著《哈姆莱特和堂吉诃德》，认为这两个人物构成人类知识精英的两种原型：一类是腼腆内省并因此而无行动能力的哈姆莱特们，一类为热情四溢、一心一意、大胆冒险至可笑程度的堂吉诃德们。

美国做亚洲研究的一位主要开拓者——爱德华·莫尔斯，早先是自学成才的动物学家，后来转向日本研究。他把自己收藏的陶瓷捐赠给波士顿美术馆，条件则是，让他担任波士顿美术馆的终身员工，负责陶瓷的保管工作。

英国著名大书店福伊尔（Foyles）书店的老板娘克里斯蒂娜·福伊尔，在英国文化圈很出名，出过一本摘记簿《智慧充栋》，收录名家隽语。她说她从小爱书。据说，她写信给希特勒，要求他与其烧书，不如把书卖给她。

凯恩斯在剑桥的时候，每天早上醒来，必在床上用早餐、读报和接听伦敦经纪“报行情”的电话，了解天下大事，然后再在电话中决定外汇及股票买卖。他视投资为丰裕人生中的一个环节，他的知识分子的高傲性格，令他轻蔑群众的看法，人弃我取，他的投资策略常与群众背道而驰。

凯恩斯曾在英国财政部任职，有一天突然大悟：“财政自由”非常重要，一个人如因财政上不能自立，处处受制于人，什么事都难做好的。于是他在1919年辞职离开政府，聚精会神于市场，终于得享学术声名，获利甚丰。

瑞典汉学家马悦然60多岁时得过胆结石，痛得厉害，不能站、不能坐、不能躺，就弄一个摇椅，一开始痛，就拿《庄子·秋水篇》来读，以减轻疼痛。

1990年在罗得岛州一家疗养院去世的乔治·凯茨，是一位热爱中国文化和艺术的美国学者、鉴赏家和收藏家。他晚年撰著的一部有关明式家具的著作《中国家具》，是这个领域的权威作品。他年轻时在北平的紫禁城和北海附近的一个院落里住了7年，直到太平洋战争爆发。他后来也曾在初成立的联合国担任翻译，取得的成就之一就是把《联合国宪章》翻译成中文。1952年，凯茨出版了《丰腴年华》一书，回忆了他自己曾经在古都北平的日常生活，他在书中写道："你拥有自己的朱红大门……宽大方正的院子里种有洋槐树。夏天，可以在院子里的大片地方种花……没有电灯，没有木地板，没有取暖设施……但是，我居住的房子极其舒适……属于更加地道的中国式。"凯茨后来还说，他在这7年里，在自己生命中充满活力的这段时光里，阅读中国人的书籍和各种各样详细注释的善本，大大小小的相关文物，"真实记录中国人传统的'日常生活'方式"，"复兴、发现、唤醒、还原一个伟大民族历史的一个阶段"。

斯托夫人的小说《汤姆叔叔的小屋》，1852年问世的头一年里在美国本土的销量就达30万册，成为美国废奴运动的催化剂。据说林肯1862年见到斯托夫人时说："原来你就是那位引发了这场伟大战争的小妇人啊！"

美国大金融家J.皮尔庞特·摩根和小洛克菲勒，喜好收藏艺术品，并为此投入巨资。但他们都把收藏品“永久提供给公共机构，使美国人民享受快乐”，而从没有把自己的收藏当成一种投资。

兰登·华尔纳，考古学家，做过美国宾夕法尼亚州艺术博物馆（今费城博物馆）馆长，后来在哈佛大学讲授“中国和日本艺术”，广受学生欢迎。传说二战中，美国原子弹轰击日本广岛和长崎后，华尔纳冲进白宫，说服了杜鲁门总统，使日本城市奈良和京都免遭盟军的狂轰滥炸。但华尔纳本人否定了这个传说，他说他自己的作用只是提供地图，详细标出日本的文化遗产地，而美军把炸弹投到哪里的决定与他无关。尽管华尔纳做了低调的说明，但二战后，日本人感恩华尔纳，在上述两座城市为他建立了纪念碑，还授予他二级“神圣珍宝勋章”，华尔纳还受到了日本裕仁天皇的接见。华尔纳去世时，日本人在京都镰仓和奈良为他举办了纪念活动。镰仓的圆觉寺展示了他的照片，十几位禅师为他吟诵《莲华经》。

查尔斯·W.艾略特把哈佛大学领上了世界一流大学的高峰。他很乐意做公共演讲。有先生邀请艾略特为布罗克顿为数不多的工人演讲，艾略特欣然接受。艾略特回复愿意这样做的缘故是：“我不知道还有什么比这更好的方式，能够劝说年轻人关注自己的公民义务。”

一战后，凯恩斯代表英国财政部出席巴黎和会，目睹美国总统威尔逊被英国首相、法国总理所欺骗，对战败德国提出不合理的压榨性的赔款要求。凯恩斯因此再次对政府产生厌恶，愤然辞去公职，很快写出《和平的经济后果》，说明德国负担不起各国向它索求的赔款。该书大为畅销，打破英美等国的售书纪录。

丘吉尔做英国财政大臣，在任内推动英国恢复金本位制。凯恩斯在剑桥做教授，1928年凯恩斯呈送一篇文章给财政大臣丘吉尔，并附一封精练的信件：

亲爱的财政大臣：

你提出的货币法案多么愚蠢。

丘吉尔则很客气地回复说，他会认真阅读凯恩斯随信附上的文章。

丘吉尔领导英国抗击了德国法西斯的入侵。随着反法西斯战争胜利的接近，丘吉尔不再贴近民心，骄傲武断与日俱增。连他的妻子都对人说：“温斯顿经常是戴着有色眼镜看世界，他一点也不了解普通百姓的生活。他从来没有坐过公共汽车，只坐过一次地铁。”丘吉尔以为他有拯救英国的丰功伟绩，据此即可打败一切竞争对手。1945年大选选举结果在7月26日揭晓，工党在下院得到393席，而丘吉尔的保守党及其追随者一共才得到213席。虽然丘吉尔对大选失败郁闷、愤恨，但他毕竟还是一个有民主素质的人，在获知选举结果后，说了一句："英国人民成熟了。他们学会了选择，他们不需要一个英雄领导他们重建家园。"据说，后来斯大林遇到丘吉尔，幸灾乐祸地说道："丘吉尔，你打赢了仗，人民却罢免了你。你看我，谁敢罢免我！"丘吉尔却不以为然地回应："我打仗就是保卫人民有罢免我的权利。"

经济学大师熊彼特以他的第一部学术著作《理论经济学的本质和概要》申请维也纳大学"特许任教资格"。熊彼特在这部书中对数学方法的推崇，与庞巴维克、维塞尔这两位审稿教授所偏好的方法背道而驰。但两位教授看出了这是一位年轻学者的睿智之作，所以一致认可这部著作的价值。熊彼特获得了在奥匈帝国境内任何一所大学任教的资格。

熊彼特自幼锦衣玉食，属"风流才子"。据说在哈佛任教时，他每天早晨"整装"起码得花费一小时。熊彼特风度翩翩，谈吐斯文，学养丰富，是情场的常胜军。他在哈佛的课堂上对学生说他的人生目标有三，依次为伟大经济学家、大情人和技艺高超的骑术家。

熊彼特24岁结婚，被埃及公主聘为财务顾问，遂与漂亮的夫人同往开罗。熊彼特又在开罗做律师，同时养了几匹马；他们是开罗社交界的宠儿。可是这样繁忙的生活里，熊彼特居然写出使他享誉国际的名著《理论经济学的本质与概要》。

这部书1908年出版时，熊彼特才25岁。

诺贝尔经济学奖得主弗里德曼、托宾是两个观点对立的经济学派领袖人物，前者属芝加哥学派，后者持凯恩斯主义，但他们在20世纪80年代中后期对一些转型中的国家的经济改革作出了相同的政策建议。弗里德曼后来解释说，经济学家之间的争论，经常发生在相对次要的问题上，而在最基本的问题上并无分歧。

经济学家格林斯潘出任福特总统的经济顾问委员会主席，格林斯潘告诉总统办公室主任，他自己不能让顾问委员会主席继续充当白宫的首席经济发言人，因为他确信他对总统的某些经济政策（如立刻消灭通货膨胀）持有不同意见，因此不可能表示支持。在格林斯潘的要求下，这个角色最后交还给了财政部部长。

可口可乐公司董事长奥斯汀、美孚公司副总裁吉姆·赖尔登等任职道琼斯公司董事会外部董事时，道琼斯公司的《华尔街日报》都曾对他们作过批评性报道，他们虽感不悦，但从未借董事的身份而干预《华尔街日报》的报道。道琼斯公司的任何董事和董事会均无权对公司各报刊的报道和编辑政策施加任何影响。道琼斯公司和《华尔街日报》始终维护新闻与专栏的独立性，即使在公司和《华尔街日报》后来被默多克新闻集团收购之后，依然如此。

二战时期，法国被德军占领。德国同行著名蒙古学家施普勒求见法国汉学家伯希和，遭到伯希和的婉拒。伯希和说自己很愿意见他，但要“在我们赢得了这场战争以后”。

达纳、卡特尔和弗雷泽是哥伦比亚大学教授，因反对美国政府参加第一次世界大战，而遭哥大校长巴特勒的解雇。著名历史和政治学家、哥大教授查尔斯·比尔德对美国参战持支持态度，他对达纳等学者的言论也提出过批评，且当初弗雷泽应聘哥大由巴特勒推荐，比尔德还表示反对，但为抗议巴特勒解雇达纳等学者，比尔德向哥大提出辞呈。比尔德不能容忍的是学校对学者自由言论的压制。

1931年九一八事变爆发，10月14、15日，日本仙台的《河北新报》连载《举国一致的真实面目》，批评日本为军阀政府当道。军部大怒，仙台联队司令官带着县特高课人员和宪兵冲进了《河北新报》总部，将一力次郎社长视为“诽谤军部的人”，威胁说“将成立不买同盟”。一力社长说：“作为编辑局长的我，对所有文章都应该负全责。”拒绝了军方的要求，并向陆军大臣南次郎送了确认书：“我社虽然贫弱，但也是言论机关。如果受到从外界来的暴力，我社四百员工将抱成一团死守言论自由。而且只要是大元帅陛下的命令，我们什么时候被炮击都不会叫苦。成不成立不买同盟是读者的自由，我们绝对不会强求读者购买。”对于这样充满气魄的回应，军部只好停止迫害，不买同盟也没有成立。

在日本少壮军人发动九一八事变后，日本国内军部的鼓动战争、压制新闻的言行也日甚一日，菊竹六鼓主持笔政的《福冈日日新闻》，持续批判军部好战和专制的言行，遭到日本军部及在乡军人会“不买运动”等的威胁。《福冈日日新闻》销售负责人因为恐惧不买运动和来自外界的恐吓，哭着对菊竹央求道：“这样下去的话报社真的会垮……还是灵活处理吧。”菊竹对他喝道：“别说傻话了。这是涉及日本存亡的问题。”

九一八事变爆发当年的11月14日，石桥湛山发表文章《真正的爱国之道——保障言论自由》，文中写道：“……如果说存在力挽狂澜的方法的话，那就只可能是言论自由的力量。如果言论自由被压制，完全窒息了的话，国家一定不会有前途。”预言日本败亡的最大原因是言论的屈服。二战结束，日本新闻界反思报纸在战争中的罪责，菊竹六鼓说：“作为言论机关，使命感的放弃和勇气的缺乏以及无责任心才是导致新闻精神死亡的原因。”战争时期《朝日新闻》编辑负责人美土路昌一在战后的反省中说道：“言论已死，国家终于灭亡。”四十多年后，日本学者前坂俊之著书讨论“战争与新闻”主题，书名即取自美土路昌一的反省之辞：《言论死后国家终于灭亡——战争与新闻（1935—1945）》。

1932年10月28日，京都大学法学部教授泷川幸辰在中央大学作《通过〈复活〉看托尔斯泰的刑法观》的学术演讲，被认为是宣扬无政府主义，侮辱裁判官。1933年4月10日，内务省作出禁止销售泷川《刑法读本》《刑法讲义》两部著作的处分。5月9日，文部省鸠山大臣正式向京都大学校长小西重直传达对泷川的停职处分。5月26日，接到对泷川教授的停职命令，京都大学法学部教授16人、副教授等39人向小西校长提出辞呈，以示抗议。京都大学法学部部长宫本英雄发表声明："政府关于泷川教授的停职处分是完全不公的，我们无奈之下只好选择一同辞职。泷川教授的学说里没有任何破坏国家思想的内容。从大正二、三年的泽柳湖事件以来，京都大学教授的进退都要经过校长的同意才行，这是长期固定下来的规矩。但是政府的措施却单方面破坏了这个为确保研究自由的原则，阻碍了大学行使大学的使命。"6月16日，小西校长也递交了辞呈。

东京帝国大学法学部教授美浓部达吉讲授和研究宪法学，提出"天皇机关学说"，对日本国体作现代化解释，即统帅权（主权）归属于作为法人的国家，天皇作为最高机关在其他机关参与和辅佐下行使统帅权，天皇的统帅权并非万能无限制的权力，而是受到宪法的限制。"天皇机关说"是基于20世纪初期由德国格奥尔格·耶利内克等人提出的国家法人学说。

美浓部教授因为提出“天皇机关说”而被宪法理论界认为是学术界的第一人。但美浓部在1935年被日本右翼政治势力攻击为“学匪”“谋反者”，某陆军少将向东京法院告发“天皇机关说”该当不敬罪，全国151个右翼团体提出辞退美浓部、禁止销售其著作、枪毙美浓部的要求。虽然天皇本人认为“如果以思想来压制科学的话，世界的进步就会迟缓，进化论也将被推翻”“现在像美浓部这样的人在日本能有几个？断送这样的学者的研究生命实在是太可惜了”，但天皇的意见也完全被忽视了。美浓部的著作被禁止销售，美浓部也辞去贵族院议员的职务。美浓部在一封书信中说：“我已经下定决心为维护宪法牺牲自己，决不后悔。”

大学者以赛亚·伯林社交广泛，朋友遍及政治界、外交界、文学界。这或许得益于他的某种交谈变色龙的品质——同意每位对话者的观点，通过慷慨地认同取悦他们，然后再加一点自己的想法，“微妙、机智地充当全世界的朋友”。也许他认为，为了给最多的人带来最大的快乐，采用变色龙主义也是合情合理的。

二战时期，以赛亚·伯林在华盛顿和美国的报道工作非常出色，《时代》周刊发表了一篇讲述伯林的影响力的文章，里面写道：“黑皮肤、拥有黑头发的伯林的主要工作是在美国编辑每周的报道，通过参加漫长的晚宴和鸡尾酒会积累报道材料。东道主和客人着迷于他那牛津口音对世界的评论及其精辟性，记者伯林则着迷于他学到的东西。”他的父亲孟德尔·伯林对儿子的美国岁月的概括是：“你扩充了自己的个性，开始联系牛津学术圈之外更大的世界……获得了大量的自信。你获得了政治和外交知识，不会像过去和现在的许多学者一样轻易被骗了。”

1952年，时任哥伦比亚大学校长的艾森豪威尔，在一次会议上请拉比教授（1944年诺贝尔物理学奖得主）演讲，说：“在众多雇员里，您能够获得如此重大的奖项，学校深以为荣。”拉比教授当即回敬：“尊敬的校长，我是这个学校的教授，您才是学校的雇员。我们就是哥伦比亚大学。”

20世纪50年代，美国麦卡锡制造“白色恐怖”。剧作家阿瑟·米勒甘冒蔑视法庭之罪拒绝向众院委员会提交反美名单，由此被封为“美国的良心”。

法兰克做《纽约时报》总编的8年，正值美国经济衰退，广告收入不振。然而《纽约时报》逆势而上，不但没有节省开支，反而增加投资，增加版面，增加采编高手，不断求变，引入体贴人心的软性新闻——社会倾向性或时尚性的新闻——上头版，加框报道，报纸销量大增，高达110万份，星期天还升到170万份。经济不振也许会削弱报纸的营收，但有时也是事在人为，眼力、魄力、感知力、创新力也许就是一份报纸在经济低迷时期能够逆势而上的关键要素。

诺贝尔奖得主亚瑟·科恩博格对生物技术公司产生了兴趣，且参与建立企业，这连他自己都感到意外。科学家成了发明家、开发者和企业家。

英国性心理学家霭理斯为维护妇女和同性恋者的性自由，提倡公开讨论的风气，并提供知识给每一位需要的人，而毕生研究性学。他对弗洛伊德收取病人的性顾问费颇不以为然。但霭理斯本人直到60岁碰到一位美丽的法国女人赛昂，才终于点燃欲火，享受敦伦之乐。

契诃夫以小说名世，生活安逸，衣食无忧。但他关心真实世界的世道人心，1890年前往萨哈林岛（库页岛），穿越西伯利亚，再由海路经锡兰回国。他深入调查萨哈林岛上的囚犯生活，写作并出版了调查结果《萨哈林岛》。这部作品如史家所言：全面透彻和客观公正，成为一部重要的历史文献。据说，这部作品对1892年政府采取的某些监狱改革产生了影响。

契诃夫慷慨善良，他曾出资为故乡城市塔甘罗格建起一座图书馆和一座博物馆。

1900年，柯罗连科和契诃夫一同被彼得堡皇家科学院授予名誉院士称号，但当他们得知皇家科学院在政府授意下将刚当选的名誉院士高尔基除名时，柯罗连科和契诃夫宣布放弃名誉院士头衔。

毕业于剑桥大学的医生托马斯·艾伦1700年回顾自己的一生之后说："传播仁慈、启迪思想、纠正世间发生的错误和虚假行为"是像自己一样的绅士应尽的义务。英国一项1731年公布的全国性的调查将绅士定义为"穿着得体、温文尔雅、有良好的教养、富有而且博学"之人。约翰逊博士1755年编写的字典对"绅士"的定义也反映了"绅士"含义的变化，约翰逊写道："绅士"的原义——"有一定出身背景的人"——"现在已经不被使用了"，这个词现在表达的更普遍的含义是："一个凭借他的品格和职位站在普通大众之上的人。"

哲人康德每天都在固定的时间出门作保健散步，邻居们都以他散步经过家门前的时间来对表。但有几天，康德读卢梭《爱弥儿》入了神，错过了散步时间，邻居们的时间表也因此乱了套。

美国总统肯尼迪曾在白宫宴请诺贝尔奖得主和包括梦露在内的演艺界名流。当时正在自己的农庄里锄草的文学大师福克纳也接到了邀请，福克纳给总统回信："为了吃顿饭去白宫实在太远了。我年迈体衰，不能长途跋涉去和陌生人一起吃饭。"

传闻，在普林斯顿任教职的经济学家加尔布雷斯，某日接到杜鲁门总统打来的电话，问他愿否到白宫的“工资物价管制委员会”工作，因该会急需一名经济学家。加尔布雷斯答道：“回总统，比我更有资格出任斯职的经济学家起码有十人……”杜鲁门大声说：“合资格的经济学家的确不少，但他们都不肯来华盛顿！”

耶鲁大学1910届毕业生阿德里安·凡·辛德仁于1957年设立阿德里安·凡·辛德仁奖，这是美国至今最负盛名的大学生藏书比赛，目的是鼓励学生自己藏书。1963年的那一次比赛，冠军给了一位收藏火车时刻表的学生，而那时藏有二百部福克纳作品及与福克纳有关书籍的路易斯·丹尼尔·布罗斯基屈居亚军。布罗斯基后来成为著名的藏书家，回顾当时，他说，得知自己在比赛中屈居亚军，“心都碎了”。他说：“我难受不是因为屈居第二，而是得知第一名居然是收藏火车时刻表的，那才真叫人伤心。那可是藏书竞赛啊……”布罗斯基后来把他的藏书捐给了东南密苏里州立大学，而不是耶鲁。

哈佛大学1911届毕业生哈里·埃尔金斯·怀德纳随着泰坦尼克号轮船触冰山沉没于大西洋。他的母亲捐赠给哈佛一座以怀德纳命名的图书馆，据说捐赠时有一个条件，哈佛应要求所有毕业生通过游泳考试，为不可预料的冰山做准备。

被托斯卡纳大公科西莫三世委任为宫廷藏书楼主管的安

东尼奥·马利亚贝基，死于1714年，当时他坐在藤椅上，膝上摊着一本书，“幸福不亚于王侯”。他在遗嘱中要求把自己购置的3万本书捐给佛罗伦萨市，条件是必须永远供公众免费使用。马利亚贝基藏书构成了佛罗伦萨图书馆的主要藏书，直到今天，图书馆里还有一座马利亚贝基的半身塑像，神情自在，面带微笑，好像在默默地看护着藏书。

著名作家伊恩·弗莱明以007系列小说闻名，也是有名的藏书家，他以“改变了世界”为主题收藏的图书，包括达尔文的进化论、麦克斯韦论光的电磁性质、居里夫人论镭、弗洛伊德论潜意识、爱因斯坦的相对论、贝尔论电话、法兰西斯·高尔顿爵士论指纹识别、巴甫洛夫论条件反射、罗伯特·科赫论肺结核的病原等等。1963年伦敦大英图书馆举办“印刷术与人类的智力”书展，向图书馆、个人借了464部典籍，都是塑造西方文明的书籍，其中向弗莱明租借的有44本，仅次于向剑桥大学国王学院租借的51本。弗莱明辞世后，他的藏书全部为印第安纳大学收购，至今保存完好。

美国经济学家米尔顿·弗里德曼获1976年诺贝尔经济学奖。弗里德曼用18万美元的奖金为自己在旧金山买了一幢房子。

约翰·拉洛奎特是美国的影视明星，从1983年到1987年，连续四次获艾美奖。他还喜好藏书，尤以收藏美国当代作家的初版本为知名。他的书房里，在两个艾美奖杯之间放了一尊雕塑，是贝克特剧作《等待戈多》里的流浪汉：等待着可能永远也不会到来的巴士。拉洛奎特说："我摆它在那里，是要提醒自己我是谁，我的生命要走向哪里。""……要提醒自己不要为任何成就而妄自尊大，因为我们的全部所有都是非常脆弱的。"

英国著名哲学家阿尔弗雷德·艾耶尔爵士，一次派对上无意看见拳王泰森拼命在模特儿纳奥美·金宝身上狎昵。老书生艾耶尔大怒，喝令泰森放庄重点。泰森咆哮"老子是世界重量级拳王"。艾耶尔淡淡地说道："本人是牛津大学逻辑学教授。"艾耶尔接着又说："你我既是两个不同界别里的卓绝人物，我建议我们平心静气坐下来谈谈这件事。"于是，拳王和哲学家聊将起来，名模悄悄溜走。

2018年10月8日，周一早晨，耶鲁大学经济学教授威廉·诺德豪斯一如既往来到耶鲁邓纳姆实验楼准备给本科生上宏观经济学的课。就在几个小时前，他刚刚得知自己获得了今年的诺贝尔经济学奖。当他步入课堂时，教室里顿时爆发出一片热烈的掌声。"祝贺诺德豪斯教授！"几个大字写在220教室的黑板上。一名同学走上前来向这位新晋诺奖得主献上一束鲜花，其他同学则拿着手机拍照。"今天可以破个例：你们可以拿着自己的手机。"伴着欢呼声，诺德豪斯笑着说，

“作为耶鲁的学生和教职员工，你们要学会如何应对纷扰。不要让任何人扰乱你目前手头的工作。今天我们要学习的内容是经济增长。我可能一会儿再谈一谈那件事，但现在我们该讨论测试二了吧?”诺德豪斯照常给学生们上课。他不愿因此耽误课程，所以推迟了新闻发布会，校长、院长等一大批人只能等新科诺奖得主讲完课再正式向他道贺。

“无人机教父”拉菲罗·安德烈小时候对世界充满了好奇之心，喜欢探索，为此做了不少让大人们哭笑不得的“傻事”。有一段时间他对空气动力学着迷，猜想，如果自己撑着一把大大的伞从屋顶往下跳，就可以慢慢地飘到地面上。然而当他刚跳下去的时候，伞就偏向了一边，于是他就从差不多3米高的地方摔了下去，所幸地面是草坪，安德烈没有受多大的伤。安德烈成名后说：“如今的孩子们可能比我们这一代聪明得多，但或许大家都太急于知道答案或太迫切地想知道最后的结果。其实仔细思考，多做一点‘傻事’或许还有意想不到的收获呢。对比起所谓的成就，过程中享受科研带来的愉悦对我来说实在重要得太多太多了。”“孩子们的想象力和对这个世界的好奇心是最宝贵的财富。”

卷五　学政·世事

颜永京留美学成归国，他对于上海租界外滩公园不许国人入内游憩，深感不平。数次提出抗议，并在报端发表文章，加以批评。然而无效，于是联合同道，另辟公园，以供国人游息，用资抵制。

民初，马相伯北上北京，联合章太炎、严复、梁启超，倡议建立效仿法兰西科学院的函夏考文苑。函夏指全中国，考文苑即马相伯对academy一词的翻译，指最高层次的学术组织。马相伯认为考文苑有责任促进整个国家的文化和伦理道德的振兴和改造，也即“内之以修立国民之资格，外以栽成有用之人才”。可惜函夏考文苑计划胎死腹中。

张宗祥1922—1924年任职浙江省教育厅厅长。考选清华学生时，说人情的信、电报，积之数寸。主考官请示张宗祥如何录取。张宗祥答复：“我考儿子，不考老子。君等阅卷，公正谨慎可矣。”

胡先骕是清朝的秀才，也想走做官的路。清亡后，胡先骕的母亲对胡讲：你就学一个吃饭的本领吧。其时中国正在社会转型期，最好的吃饭本领当然就是自然科学，因此胡先骕就学了植物学，其后留学美国。他是中国植物分类学的奠基人，又是古典文学的学者。

1919年5月4日，北京高等院校学生集会游行，五四运动爆发。当天，32名学生被军警抓走，其中8人是北京高等师范学校（今北师大前身）的。5月7日，由北京高师校长陈宝泉担保，8名被捕学生全部获释。陈校长派他的专车前往关押学生的监狱，迎接8名学生。为了8名学生的安全，也考虑到他们今后在社会上会遭风险，陈校长把他们召去，征得学生同意，亲自为他们改了名字：陈宏勋改名陈荩民，杨荃骏改名杨明轩，初铭音改名初大告……这些学生毕业后，都一一成材：陈荩民成长为数学家，天津大学教授；初大告成了外语教育家，北外教授；杨明轩曾任全国人大常委会副委员长。几十年后，回忆往事，他们感激老校长的保护和爱护。

刘世芳，浙江镇海人，留德学法律，回国任东吴法学院的民法主任教授。他在东吴执教时，有一学生名叫孔令仪，是国民党要员孔祥熙的女儿，整整5个学年10个学期中，她统共上课十几次。到了毕业之时，居然要授她法学士学位，刘世芳不肯签名同意，拂袖而去。

20世纪20年代后期，国民政府定都南京后，整顿高等教育，更改学制，取缔不合格的“大学”，注重理工学科，限制文法学生名额等。萧公权曾著文批评：偏重“实科”的政策未必是促进教育发展最有效的办法。“粗浅的实用主义”是中国教育停滞的一个主因。

胡适说傅斯年又能做学问又能治事。抗战时，傅斯年替中研院史语所找了一个地图上没有名字的地方——四川南溪李庄——来做史语所的住地，这样日军的飞机就不能向那里投弹了。傅斯年以简陋的运输工具搬运史语所庞大的图书资料等财产的才能，使他赢得了“搬家先生”的绰号。

陈行可1919年毕业于北京高等师范学校，后来留学美国密歇根大学，专攻分析化学，获博士学位。他曾在河南大学做化学教授，可那时校长遵冯玉祥的命令，一定要所有的大学老师剃光头，穿布鞋。陈行可拒绝剃光头，因此应东北大学的邀请，到那儿去教化学，教授月薪300块银圆，按时发。

1942年10月，冯友兰主笔，汤用彤、雷海宗、郑天挺、陈序经、杨石先等西南联大各院院长、系主任25人联名致函学校领导，拒绝教育部给西南联大担任行政职务教授的特别办公费，并请将原信附录转呈教育部。信中写道：“同人等献身教育，原以研究学术、启迪后进为天职，于教课之外肩负一部分行政责任，亦视为当然之义务，并不希冀任何权利。”

1926年4月，中西交通史学者张星烺从报上知日人拟在京设人文科学研究所，在沪设天然科学研究所。张星烺在给陈垣先生的信里谈及此事，说：“闻北大有谋将图书馆及人文研究所馆长、所长归校长兼理之说，不知确否？……北大党派意见太深，秉事诸人气量狭小，其文科中绝对不许有异己者。而其所持之新文化主义，不外白话文及男女同校而已。当其主义初创时，如屠敬山等史学专家皆以不赞同白话文而被摈外间……北大现在已几成为政治运动专门机关，不宜再使与纯萃（粹）学术牵混，故图书馆馆长及研究所所长宜立于党派之外，且人须气量宽洪也。”张星烺信里又说“闻日人有派柯劭忞或梁任公充所长之说”，张星烺以为“此两人甚相宜”：柯劭忞“与世无争”，梁启超“则无党，且气量宽洪，可容纳异派人也”。

黄现璠北师大历史系毕业后，1936年考取日本东京帝国大学研究院，专攻东洋史。黄现璠后来在他的口述史里说：当时东京帝国大学文学部规定，参加文学部大学院的中国留学生应试者，仅限于6所中国大学，即北京大学、北京师范大学、清华大学、中央大学、中山大学、暨南大学。东京帝国大学历来优待中国北方3所著名大学北大、北师大、清华毕业的中国留学生。1936年春季考试，北师大毕业的中国留学生参加应试者12人，11人全部考试合格被东京帝大录取，在6所大学的应试录取者中名列第一。对中国南方的大学，东京帝大早年只承认中央大学，后来增加了中山大学、暨南大学。这种情况在东京帝国大学文学部表现最为突出。

黄现璠在口述史里说：据王桐龄先生1934—1936年在日

本的调查，1934年春季的东京帝大大学院入学考试，以理学、工学两部大学院最难，百里挑一；经济学部大学院最严，中国留学生当年参加应试受验者十余人，无一及第；法学部大学院，中国留学生参加应试受验者十余人，两人及第；农学部大学院试题相对容易些，故合格录取者较多；医学部大学院只准中国留学生当专攻生，不准当研究生或大学院生。

黄现璠说：民国时期抗战前的大学，学术风气相对而言较为宽松，具体表现形式之一是讲师和教授们讲课自由，即在讲台上他们拥有自由传播自己学术观点的权利，学者可以进行学术批评而非人身攻击。校方通常不会干涉，校方只是对教授在讲台上表达自己政治见解的权利加以适当限制，以避免讲台成为老师个人宣扬政治主张的道具之弊。大学是传授知识和学术研究的高等教育园地，大学讲台不是教员灌输党义的阵地，在当时似乎已成为大学师生的共识。

1937年七七卢沟桥事变后，范烟桥在沪上办正养中学，这所学校由东吴大学附属中学蜕化而来，“正”取义孔子的“正心诚意”，“养”取义孟子的“养气持志”。范烟桥后来撰文说，正养中学的经济完全公开，经费的80%以上为教职员薪津，行政费用占着无可再少的数目。学校的“一切大纲，都由校务会议决定，而教务处与训育处，绝对的独立和强化，校长不去掣肘的，很像民主国家的体制”。关于“好教师”和

“好学生”的标准，范烟桥说：“会教会问会答”方是好教师，“肯学肯答肯问”方是好学生。

1939年5月，汪堃仁离开北平协和医学院，辗转跋涉，到达国立西北师院。在来后方途中，路过重庆时，汪堃仁自己垫款从蔡翘教授主办的教学仪器厂购买数套生理实验仪器，这些仪器在教学中发挥了重要作用，他在西北师院生物系几乎开出了协和医学院所开过的全部生理实验课。

1938年5月30日，竺可桢拒绝了张其昀、陈训慈带给他的陈布雷要求他加入国民党的手书。竺可桢在日记中写道：“因上月代表大会后，党中有改组之意，其中有一办法，即拉拢教育界中人入党。余谓国民党之弊在于当政以后，党员权利多而义务少，因此趋之者若鹜，近来与人民全不接近，腐化即由于此，拉拢若干人入党，殊不足改此弊。”陈训慈是陈布雷的弟弟，他和张其昀都是竺可桢在南京高师执教时的学生。1939年3月8日，竺可桢再次拒绝了张子明要他填写申请书加入国民党一事，竺可桢在日记里写道：“但以作大学校长即须入党实非办法也。”

水利机械专家刘仙洲为人耿直。有一次，国民党派人动员他入党，遭到刘拒绝后，竟擅自从他的薪金中扣除“党费”。刘立即提出抗议。不久，国民党派人来对他说：“你是同盟会员，参加国民党是理所当然的事！”刘说：“我当初加入同盟会，正是为了打倒像你们这样的作风!”事后有人劝他“为人要外圆内方”，刘说：“不对，为人应当外方内也方!”

外界传闻傅斯年脾气很大，很专制，但傅斯年对有前途的学术后进，又极和气，尽己所能给予帮助。严耕望抗战中在重庆中研院总办事处初识傅斯年，傅为中研院史语所所长。傅希望严暂留重庆，助其处理文书事务。严自念平生最无能力办事，恐不能副其所望，所以坦率表示不能担任这项任务。傅亦不以为忤，当即表示，严可先赴李庄史语所。后来傅又致信史语所代理所长董作宾，信中谓严“似是一难得之人才”。抗战胜利，史语所复员南京，傅斯年了解严耕望家经济窘迫状况，将为教育部审查论文的审查费送予严耕望，又想办法帮助严妻入职国立编译馆。严耕望说，傅斯年事务极忙，但仍记挂一个助理研究员的生活，这令他铭感不能忘。

史学家邓之诚先生对胡适的学问向不以为然，常说“胡适胡说，傅斯年附会”。然而20世纪50年代初批判胡适时，邓之诚反倒默不作声不置一词了。邓之诚说：“此间科学院开会，分九方面讨论胡适思想，甚为热烈。讨论或将到明夏始毕，书生千古未有之荣，胡适将自夸矣!”

邢公畹大学毕业考中研院史语所语言组研究生，复试主考是赵元任、丁声树两位先生。口试时，赵元任先生又问了许多问题，其中一个问题是：“在学校里你最讨厌的是什么课?”邢公畹不假思索答道:“党义。”赵先生看了邢公畹半天,补充说:“数学你讨厌吗?”邢说:“不讨厌,很喜欢。”

张岱年1933年夏天北师大毕业,旋经金岳霖、冯友兰推荐入清华大学哲学系做助教,1937年年初完成50万言《中国哲学大纲》,时年27岁。冯友兰推荐这部书稿给商务印书馆。商务立即列入出版计划,七七事变突至,已经排好版的《中国哲学大纲》不能付印。此后中国战乱连绵,出版也就一直搁浅着。1957年商务印书馆在仓库发现本书纸型,准备付印,未料岱年先生刚被错划为“右派”。商务委托岱年先生老友王锦第和岱年先生商谈斡旋,1958年4月《中国哲学大纲》假以笔名“宇同”得以问世。书甫出版,即得到海内外学界关注,很快脱销;商务准备加印,又因60年代的三年困难时期和“十年动乱”而未果。1974年,《中国哲学大纲》日文译本在日本出版,日本学术团体访华,指名要见“宇同”,却无人知“宇同”为谁。一直到1982年1月,署名“张岱年”的《中国哲学大纲》才由中国社会科学出版社出版。

鲁迅先生逝世后,厦门的鲁迅纪念会呈请厦门市政府多次,将厦门大学门前经过南普陀的那一条大道改名为“鲁迅路”,都被搁置着不予批准。据郁达夫后来了解,主要是由于国民党厦门市党部绝对不准人们纪念鲁迅。郁达夫在他的纪念鲁迅先生的一篇文章中因此说:“预言者每不为其故国所容，我于鲁迅更觉得这一句格言的确凿。”

陈省身主持数学研究所工作，无为而治。他认为，只要研究所每年选定的专题能订得恰当，便能吸引有关领域最有才华的年轻数学家来所工作，他们会集到一起之后，就不要管了，让他们自己去自由发挥。

1945年11月25日开始，西南联大学生罢课，上街游行“反内战”。12月1日，学生和当地军警发生了流血冲突。当时担任北大代理校长的傅斯年赶到现场，见到对惨案负有直接责任的云南警备司令，劈头便说：“从前我你是朋友，可现在我们是仇敌。学生就是我的孩子，你杀害了他们，我还能沉默吗?”

1952年全国高校“院系调整”，北大哲学系集中了全国各大高校的哲学教授，他们各自带着过去形成的成见。来自清华的以为北大的只讲哲学史，北大的以为清华的不读书，别的学校则担心清华、北大以“老大”自居。系主任金岳霖是从清华来的，他尽量“一碗水端平”，为了避免别人说“清华帮”，对清华来的教师特别注意约束。

李俊民20世纪50年代中期在上海主持古典文学出版社，出版社除了原先已在的编辑钱伯城、王勉（即鲲西）等外，李俊民还调来了老出版家汪原放、刘哲民和胡道静以及受“胡风案”牵连的梅林、俞鸿模、何满子等人，他还动员自己的老友、苏北师专（扬州师院前身）历史科主任刘拜山，南京大学中文系副教授于在春加盟。古典文学社一时人才济济。何满子后来在文章里说：李俊民“常戏称他主张‘人材内阁’，私下不无得意地说：我们这个班子办一个大学中文系是胜任的。”

1958年“大跃进”，北京大学中文系一些学生口出狂言，“集体写超过《红楼梦》的小说”“快速赶超游国恩”等。当时的中文系系主任杨晦先生给他们泼冷水，训诫道：“你们在学术上能赶上游先生，就算不错了！”也是这个时期，北大中文系五五级学生组班子集体编撰《中国文学史》，公开出版。此风很快刮到了浙江师范学院（后更名为杭州大学），中文系学生奋起效仿，提出了“超北大”的响亮口号，一鼓作气也赶出了一部。浙师院中文系教授夏承焘先生直言不讳，竟脱口说出了“超北大变成了抄北大”，后来夏先生终于被拔了“白旗”。

20世纪50年代初，郑振铎做文物局局长，那时文物保护工作百废待兴。郑振铎起草一些重要的文保文件，比如有关基本建设工程中保护文物的指示、故宫改革方案等。郑振铎起草好了文件，然后“会”博物馆处、文物处，请底下人提意见，提完了再改。几十年后，回忆往事，谢辰生先生一再感慨郑先生的懂行、负责，直说：“现在哪儿有啊？”

曾长期给郑振铎先生做助手的谢辰生，晚年在公开出版的回忆录里说：明史学家吴晗做北京市副市长，对拆北京的牌楼、城门、城墙都很积极。吴晗给郑振铎写信，一开始称“西谛吾师”，后来吴晗官越做越大，就改口叫“西谛吾兄”了。

谢辰生一直在文物局工作，曾写文章批评文物局局长王冶秋是家长式领导，有国民党军阀作风。反右时，文物局里打算把谢辰生划作“右派”，谢辰生所在的党支部都讨论了。但王冶秋局长坚决不同意。王冶秋说，“谢辰生给我提意见，这是我的事儿，跟右派有什么关系啊？他越这样我越不能打他为右派。”就这样保了谢辰生。文化部给了文物局3个“右派”分子的指标，但文物局没有划一个“右派”。文化部一位副部长训斥王冶秋，说：“你不定右派，文化部交不了账。”王冶秋回应说没有就是没有。谢辰生晚年说王冶秋：“真是难得的、正直的好人啊！”“一辈子为人正派，实事求是。”

傅斯年初掌台湾大学，时局动荡，傅斯年不准军警进学校抓人。他的规矩是：官方必须将学生的罪状告诉学校，学校派人和军警一起，找到当事人，依法交法院。

黎澍说：只要当事者在，他又有权，你就难以揭示真相。但真正的历史家不要怕这怕那，硬是要敢于揭示历史真相。

金灿然主持中华书局，爱才，且胆识过人。那些“大右派”如宋云彬、杨伯峻等，尤其是被打成“双料反动”的马非百，都通过金灿然等的努力，调入中华书局，按照金灿然当时的说法是“人弃我取，乘时进用”。宋云彬被从浙江调入北京的中华书局，书局还受到上级机关某位领导的严词质问。1958年年底，中华书局曾经在编辑部开展过一次“‘右派’能不能当责任编辑”的讨论，金灿然为安抚一部分人的激烈情绪，做出如下结论：“右派”是不能当责任编辑的，可是他们既然审稿，就应该让他们负责任。五六十年代，书局有近十位老先生，年老体弱，如章锡琛、陈乃乾、杨伯峻、曾次亮先生等等，都可以在家里工作，而不需坐班。这些老先生那时被认为“有问题”，“有问题”的人还要享受如包括住房在内的特殊待遇，有人就说怪话“专家，就是专门在家里”。但金灿然等听后只是笑笑。书局领导还给老先生配备助手，协助老先生工作，向老先生学习业务，陈乃乾、张静庐、曾次亮先生都曾经有过助手。杨伯峻先生整理《左传》，书局也出钱为他请来抄写员。对青年才俊，书局也给予多方面关心。傅璇琮、徐敏霞早在北大就已确定了恋爱关系，1958年傅璇琮调来中华书局，北大却把徐敏霞分配到青海，中华书局对北大这种做法大不以为然。虽然徐敏霞是现代汉语研究生，与书局专业不是很对口，书局也还是坚持把她调来。

考古学家苏秉琦晚年曾对孩子说：“人生短暂，没那么多时间来期待承认。求同存异，大同小异，甚至小同大异，自有历史评说和考核。”他又说，我们对于“精神贵族”常常给予否定，殊不知我们社会现在太需要好的精神贵族了，哪怕有十个，几十个也好，最好是上百个。他们独立思考，和潮流有时会有些距离。

20世纪90年代中期，有一次全国高校古籍整理研究工作委员会开会评选中国古文献学奖学金，黄永年先生也是评委。在安静的会场，各位专家埋头看材料，忽然黄先生发起火来，原来当时在评博士的材料，有一位某大学副校长的材料也在里面。黄先生说：是重点大学的副校长了，干吗要抢这种奖学金啊。你是四十多岁教授读博士，学问做了这么多年，人家只是二十多岁，刚读博士，你领导这种好处也要啊？最后投票时，这位副校长没评上。

数学家冯克勤教授说：小学生考试99分都被批评，实在太苛刻，是一种犯罪行为！成人也经常犯错误，为何对稚童这样苛求？正确的观念是“犯错误是不可避免的”，人类认识和实践的整个过程就是不断发现真理，改正错误，应当教学生一些本事，能“及时意识和发现自己的错误，并善于和有效地改正错误”。

社会学家费孝通教授说过：历史到了一个时候，出那么一个人，出那么一本书，看着平常，实际上是有背后的意思的。

南京在其现代化早期所建立的两所大学中，中国人创办的东南大学，建筑式样主要采用西洋古典的；而外国人创办的金陵大学，则以中国传统的宫殿式建筑风格为基调。其间对照，颇为有趣，亦可玩味。

古老的北京是世界级古都。美国城市规划专家爱德蒙德·培根在他的一部著作里说："北京可能是人类在地球上建造的最伟大的单体作品。""它的设计是这样的光辉灿烂，为我们今天的城市提供了丰富的思想宝库。"丹麦的规划专家罗斯穆森说："整个北京是一个卓越的纪念物，象征着一个伟大文明的顶峰。"20世纪50年代德国一位著名的规划专家到北京看到胡同和四合院，拍案叫绝，他没想到这里会有这么好的居住环境，后来他又去参观北京市总体规划展览，非常惊讶，说："为什么要拆城墙？……要拆城墙就跟要我们填平莱茵河一样的不可思议！"

1597年7月，伦敦的天鹅剧院上演了彭布洛克供奉剧团的一出名为《狗岛》的讽刺剧，讽刺了政府诸多官员，激怒当局。剧作家本·琼森和部分演员被捕并关押了3个月。枢密院又下令"夏天的这段时间……伦敦城内不得上演任何戏剧"，"所有仅为上演戏剧而修建的剧院将一律拆除"。但这又是一个与城市的一切现实相悖的法令，这如同要求伦敦城自身暂停发展一样，所以压根儿就贯彻不下去。史家说，都铎王朝的法令有时候给人的印象是只打雷不下雨，做做样子，而不是动真格儿的法律要求。

17世纪下半叶，法国路易十四国王时期，镜子在法国成为奢侈品。但当时掌握制造镜子技术的只有威尼斯，法国无论如何都造不出来。由于大量购买威尼斯的镜子，法国国库逐渐资金短缺。为止住金银大量流入威尼斯，财政大臣科尔贝要求法国进入镜子制造行业，国王路易十四命法国驻威尼斯大使把威尼斯的制镜工匠挖到法国。当时，路易十四私下签署一份文件，许给被挖到法国的威尼斯制镜工匠德拉·里维塔一年1200里弗尔，将近6万美元——而路易十四当初给莫里哀的是一年1000里弗尔，给拉辛一年600里弗尔。

长篇小说《格利佛游记》的作者斯威夫特，年轻时就读于爱尔兰都柏林三一学院。他曾经热衷于伦敦上流社会生活，晚年却成了爱尔兰人民的代言人，抨击英国对爱尔兰的殖民统治。当时流行的小册子《布商的信》，猛烈攻击英国的暴政。斯威夫特是小册子的执笔者之一，爱尔兰人里也有人知道斯威夫特是作者，但当英国政府悬重赏捉拿小册子作者时，没有一个爱尔兰人出来告发斯威夫特。

18世纪俄国伟大的科学家、文学家罗蒙诺索夫，年轻时留学德国。他领导俄国彼得堡科学院的重组，当时的“德国派”要把俄国的科学院变成失业德国学者的安乐窝。罗蒙诺索夫与“德国派”不懈斗争，但这从未妨碍他对德国科学家成就的认可。彼得堡科学院院士、德裔俄国物理学家里赫曼是俄国电学的奠基者，他在实验中被闪电击死。罗蒙诺索夫利用自己的影响使里赫曼的遗孀和孩子摆脱了贫困。

罗蒙诺索夫领导彼得堡科学院，辛劳的工作、与那些冷酷大臣们无休止的冲突，让罗蒙诺索夫心力交瘁，后来开始酗酒。俄罗斯著名学者米尔斯基在他的一部著作里说：晚年，罗蒙诺索夫“已近似从前那个自我遗留下的一片废墟”。

沙俄暴政，不同政见者常遭流放，如俄国作家柯罗连科1879年曾被逮捕，流放到西伯利亚东北部，1885年始被允许返回俄国腹地，定居下诺夫哥罗德，同年以小说《马卡尔的梦》重返文坛。1900年，柯罗连科当选了彼得堡皇家科学院院士。

据说，英国大学集中在一块小地方的原因，是担心有所思的学者心不在焉找不到所属学院。亚当·斯密有一次穿着晨褛在后花园漫步，结果走了数里路，迷失方向。经济学家巴杰特经过一场哲学性辩论后，不知身在何方，找不到伦敦大学。

伯克利加州大学历史学教授路斯布烈特1987年在论述伦敦大学与伦敦市的文章里说：英国剑桥和牛津多树，有长满野花的草坪、清澈的溪涧、寂静的回廊，教堂钟声远近可闻，是最理想的学府。百年前的一份《旁观者》周刊亦有评论道："没有草坪、河流、四方庭院和校园，大学便不成大学。"

1830年9月15日上午10时40分，英国首相威灵顿公爵坐进由"诺森伯兰"号机车牵引的华美列车，火车的发明人、工程师乔治·斯蒂芬森亲自驾驶，列车以每小时36英里（约58千米）的速度奔驰。这是庆贺利物浦—曼彻斯特铁路客运通车的盛会，它标志着铁路时代的到来。这是一个雨天，但仍然有40万人守候在铁路沿线。威灵顿公爵虽然是传统主义者，但同时也是实用主义者，他知道自己能够击败拿破仑统领的法军，都取决于制造、开采和国内外贸易创造的财力。没有工业革命就没有大英帝国。当时，女演员范妮·甘波儿在机车上坐在斯蒂芬森的身旁，事后她兴奋地描述说："机车以全速前进，那种感觉真是难以想象。它跑得非常平稳……我站起来，除去软帽，尽情吸入迎面吹来的空气……强风使我的眼睛睁不开。……当我闭上眼睛时，我感觉自己仿佛正在飞行，心中的喜悦和惊奇实在不是言语所能形容的；虽然如此惊奇，但我有绝对的安全感，并无丝毫恐惧。"另一位辉格党成员布鲁厄姆勋爵，对机车、桥梁、高架桥、筑堤、路基和隧道有着浓厚的兴趣，他也乘坐了这列火车，他甚至幻想着自己已经见证了人类战胜时间和空间的奇迹。另一位乘客总结说："人类的心智能够创造出多么伟大的成就啊！"他甚至认为机车的制造者们几乎就是神。

19世纪俄罗斯的伟大作家萨尔蒂科夫-谢德林即使在担任政府部门要职时，也不知疲倦地批评政府。作为副省长和作家的谢德林总是站在“弱者”一边。

大文豪列夫·托尔斯泰在他的作品，尤其在《复活》里，对沙皇体制痛加批判。教会开除了托尔斯泰的教籍。但托尔斯泰80岁生日时，据警察的统计，前来庆贺的民众人数要远远高于给沙皇做寿的。托尔斯泰去世时，成千上万的悼念者来到托尔斯泰的墓地，人们对他的死所流露出来的悲伤超过了任何一次沙皇归天。当警察来干预时，人们朝警察喊道：“跪下！把帽子摘掉！”警察犹豫片刻后，双膝跪地，脱掉了自己的帽子。当时著名的报人苏沃林在一篇文章里说：俄国有两个沙皇，尼古拉二世和托尔斯泰，但尼古拉二世拿托尔斯泰完全没有办法，他无法撼动托尔斯泰的地位，而托尔斯泰却可以撼动他。

屠格涅夫小说《猎人笔记》在公众对农奴和改革问题的态度转变上发挥了至关重要的作用。屠格涅夫后来说，他一生中最骄傲的时刻是在1861年后不久——这一年，沙皇亚历山大二世签署了废奴法案——在一次从奥廖尔到莫斯科的火车上，两位农民走到他面前，像俄国人习惯的那样向他深深一鞠躬，表示要“代表全体人民感谢他”。

查尔斯·W.艾略特曾任哈佛大学校长。他的人缘并不好，因为他不会偏袒某人或回避某项棘手的事务，人们也不敢奢望可以和他套近乎。他克制自己的感情，无论拥护他还是反对他改革的人，在与他相处时，都会感到别扭。但时间长了，人们还是认识到了他处事公正，从不心怀宿怨私仇。卡特勒是现代语言学助理教授，曾于1869年竭力怂恿校监事会成员否决董事会对艾略特的校长提名，等到艾略特当上校长后，他又在1870年大肆抨击艾略特的治校政策。但艾略特深信卡特勒是一名优秀的教师，并于1870年将他晋升为全职教授。卡特勒没有亲人，也没有加入固定的宗教教派，他去世时，艾略特为他举办了葬礼。

1880年，艾略特曾写信给一位英国人，聘请他担任哈佛大学的教授。艾略特在信中写道："他（一位哈佛教授）是自己领域内的主人。他可以采取纯粹讲座式的教学，也可以要求学生翻译、'背诵'或回答问题。课堂上，他既可以严肃执纪，又可以宽待学生。他既可以和学生建立社会联系，也可以在课堂以外的所有场合不跟他们说话。鉴于他的学生中间会有各种不同的观点和背景——宗教的、政治的、社会的——他会自然而然将他个人享受的所有自由同样赋予他们。他可以尽情表达自己的观点，但不能武断地把个人观点强加于学生。"后来写艾略特传记的亨利·詹姆斯说，艾略特的这番话堪称"学术自由宪章"，它没有漏掉任何一项需要得到保障的学术自由。

大物理学家朗道在苏联哈尔科夫大学任教，他对物理类学生考试不问物理问题，而是提问普希金的诗。哈尔科夫大学因此解雇了朗道，那时卡皮查刚好从剑桥回国，就邀请朗道到了莫斯科大学。

剑桥大学本科学生中曾经有著名的“夜攀族”，即以深夜攀爬学校房顶为消遣。1958年6月7日，星期六，剑桥大学冈维尔奇斯学院一帮“夜攀族”设计出一套吊机装备，一夜之间把一辆奥斯丁小汽车弄上学院参议厅房顶，而参议厅建筑丝毫未损。后来警方足足花了4天才把这辆车弄下来。据说冈维尔奇斯学院对这次夜攀颇为自豪，院长让人偷偷给捣蛋鬼嫌疑犯送了一箱红酒。2008年吊车事件50年庆，原团队11名成员在学院得到了盛情款待。

20世纪60年代末，中国正在“十年动乱”时期，影响也波及瑞典的汉语教学。斯德哥尔摩大学中文系的一个研究班，学生通知马悦然说他们要自己选课。学生说要读《人民日报》和《红旗》杂志的社论。于是一个学期只读这些。学期结束，马悦然问他们收获大不大，学生回答“也许不太大”。马悦然问学生下学期要读什么，学生对马悦然说：“你选吧！”于是下一个学期又回到先秦文献，学生们很满意。

俱乐部是剑桥大学学生们几百年来的表达手段。20世纪

80年代，剑大彼得学院院长休·切弗·如谱（Hugh Trevor Roper）在《星期日泰晤士报》上把伪作《希特勒日记》鉴定为真。剑大学生遂成立“鉴定专家俱乐部”来嘲弄休·切弗·如谱，给他取绰号“特不靠谱的休”（Hugh Very Ropey）。

二战末期，1944年9月，美国陆军航空部长亨利·阿诺德将军已经将目光投向未来战争趋势，意识到技术天才将能够帮助他寻找到军队或政府机构无法提供的答案。阿诺德和加州理工学院教授冯·卡门秘密会谈，请冯·卡门做一项可以为军方描述未来空中战争、空中军事力量和制导火箭的可行性研究。卡门立刻答应，只提出了一个条件：“不要有人对我发号施令，也别让我对别人发号施令。”阿诺德全部答应。

剑桥大学800周年校庆时举办灯光秀、夏季游园会等活动，所有的教职工，不分职位高低，都可免费参加。校方还邀请各方人士以及当地300名小学生，写了800封致未来的信件，密封存入图书档案室，打算在剑桥大学900周年校庆时开启。这些校庆活动都是全民参与，没有一位校友在这场盛大的庆典中被遗忘。全球很多著名的大学都像剑桥那样，把校庆办成所有校友参加的大派对。

作家杨照在一篇文章中写道，日本京都大学用批判学校、批判校史的方式来表达对于学校的骄傲与敬意。杨照在京都大学百年校庆之际访问这所学校，发现几乎所有与“京大百年”主题相关的信息，一半以上都是批判性、反省性的。

牛津大学是世界上最古老的大学之一。但是培养了无数科学家、政治家和人文学者的牛津大学，至今没有搞清楚它的建校日是在哪一天。早在有官方记录之前，牛津大学就开始了办学活动，当时大学的初创者并没有把建校日和校庆当成多么重要的事。

希特勒的一个部长阿尔贝尔·施佩尔在纽伦堡审判上说："希特勒的独裁与历史上的独裁有一点根本的不同。他的独裁是第一个……充分利用一切技术手段来统治国家的。他通过收音机和扩音器这样的技术装置，剥夺了800万人民独立思考的权利，因此才使他们服从于一个人的意志。"

英国学者汤姆·斯丹迪奇在讨论无线电技术兴起以及对无线电管理的问题时说：美国集中管理无线电是为了尽量增加广告收入，英国是为了维护并推广精英阶层的价值观，德国则是为了进行纳粹的宣传。在美国，对招揽听众的广播公司来说，听众是购买商品的消费者；在英国，他们是需要教育改善的民众；在德国，他们是要对其洗脑误导的人民。

法国的一些博物馆，在是否允许自己的馆藏出借这方面，有主要的决定权，就是国家元首也不能奈何他们。日本首相村山富士1995年6月访法，法国总统希拉克为示好日本，特意在举行宴会的大厅里展出了从法国吉美博物馆借来的陶器、屏风、染织物等日本传统的古玩及艺术珍品。但吉美博物馆无论如何不肯出借馆中收藏的日本弥生时代的古物。总统也没有办法。

20世纪20年代，麻省理工学院电机工程系年轻的教授凡尼佛·布什在一些地方公司的研发实验室担任兼职咨询员。他同时也把问题留给学生去解决。他从公司的问题中将理论意义反馈到校园的学术研究设计中，在讲课中插入令人激动而真实的例子，使教学变得生动起来。从更加实际的层面上讲，咨询也给有生计压力的学者增加了比较微薄的工资，但在大学里仍然有争议。到了30年代，麻省理工学院制定出著名的“五分之一原则”——即教授一周内有一天的时间可以用于咨询或者通过参与企业活动挣钱，其余工作日则要向大学尽义务——咨询才在麻省理工学院被完全认可为一项合法活动。在今天，那些能够抽出部分时间为企业效力、能够为学生找到工作又能同时继续自己研究的教授，成为典型的MIT学者。

20世纪30年代经济大萧条时期，麻省理工学院卡尔·康普顿校长认为，新英格兰的研究型大学模式可以弥补该地区自然资源的极度匮乏。康普顿校长推断麻省理工学院的教授可以通过创建公司参与以大学为基础的经济发展模式，这一新的模式可以利用该地区学院和大学的研究资源。

20世纪上半叶，弗雷德里克·特曼担任斯坦福大学电机工程系的领导，在塑造新的学术模式方面，他有无与伦比的影响力。他提出斯坦福大学应该按照两个原则将所有的资源集中到特定的领域：该领域是否对大多数学生有益或者与该地区重要产业如石油相关。由于电子工程与无线电吸引了最优秀的学生，他认为斯坦福大学应该加强这些领域，这样学生对前沿学科的兴趣就能够成为创造未来产业发展的战略之一。斯坦福大学发展以学术为基础的产业战略在特曼推动下产生，后来特曼因此被人誉为“硅谷之父”。

哈佛大学选择校长有一不成文规定，即校长必须是在哈佛大学读过本科的。1971年博克出任哈佛校长。博克博士毕业于哈佛法学院，但本科是在斯坦福读的，故而备受争议。哈佛校监委员会不得不专门授予博克一个荣誉学士学位，使其成为一个“真正”的哈佛人。不过自博克以后，普林斯顿本科毕业的路登庭、麻省理工本科毕业的萨默斯等做哈佛校长时，人们不再有太多的意见了。

耶鲁大学的威廉·G.萨姆纳教授在1879—1880年使用了斯宾塞的《社会学研究》作本科生教材，引来轩然大波。时任校长波特认为这部书攻击了每一种有神论哲学，与耶鲁的正统宗教思想背道而驰，下令禁止使用。萨姆纳致信董事会和学院所有终身聘用教授，声称“我不承认校长对教科书的使用有最终决定权”，这一问题“涉及任何正直教师都不应退让的权利和利益”。校方从学术自由大计出发，放弃对教科书的审定。自那以后，耶鲁再也没有出现过审定教科书的事件。

麦卡锡主义猖獗时，杰出的心理学家托尔曼教授因拒绝在忠诚宣言上签字而被加州伯克利大学解聘。耶鲁大学校长格里斯沃尔德亲授托尔曼教授荣誉博士学位，不仅因为托尔曼在心理学上的贡献，更出于他是一位“思想自由的勇敢捍卫者”。

麦卡锡指控约翰斯·霍普金斯大学的汉学家、政治学教授拉铁摩尔是苏联间谍。联邦立法机关、社会公众、新闻界对约大施加巨大压力，要求解聘拉铁摩尔。这场围攻由于拉铁摩尔两次被起诉而整整持续了好几年，约大校长也由布兰克换成了里德，当时拉铁摩尔和约大的支持者与反对者的比例是2比1。面对这样强大的压力，约大不仅坚持在没有足够的证据证明拉铁摩尔确为苏联间谍前，不能解聘他，而且给他带薪假期，使他能够在需要应诉时参加应诉，其余时间自由支配。

痛感美国社会普遍不再尊重技术和技术人员，哈佛大学校长拉里·萨默斯2004年10月在一次讲话中哀叹：“在精英大学，承认自己没读过莎士比亚的戏剧，会招来嘲笑；承认自己不知道基因与染色体的区别或者不知道指数增长的含义，竟然没有什么好羞耻的。”萨默斯想要“每个学生都在科学中沉浸一段时间，而不是仅仅上一堂旨在帮助学生‘像生物学家一样思考’的课程”。基于这种信念，萨默斯还想在哈佛建立工学院，“同时加大对生物科学以及其他尖端领域项目的扶持力度”。

撒切尔夫人做英国首相时，解决国家经济顽疾的思路是自由主义准则、自由市场经济和货币供应管制的混合体。1985年，牛津大学学者拒绝授予首相撒切尔夫人特别荣誉学位，还漫不经心地失去了大量的私人大学助款。撒切尔夫人因此说“大学回廊和公共房间……装不下财富创造者”，说他们对于任何“没带牛津口音”或者没有“正确关系”的人都具有偏见。史家后来撰著，说撒切尔夫人的这些情绪爆发“很类似于勤奋努力的下层中产阶级对于那些高高在上且瞧不起他们的保守主义者、爱国主义者和有‘共同意识’信念的人的怨恨”。

有的美国学者既做研究也参政，这种现象被汉语翻译为“旋转门”。哈佛大学前校长萨默斯是一名经济学家，克林顿任总统时，萨默斯任财政部部长，后来萨默斯到哈佛当了经济学教授，再后来做了哈佛校长，过了一段时间又去做奥巴马的国家经济委员会顾问。哈佛有一个规定是“旋转门”只可以做两年，即使像萨默斯这么重要的人物，做了两年也必须得回来，不然萨默斯的“铁饭碗”就没有了，萨默斯最后不得不及时回到哈佛，要不然哈佛就要萨默斯辞职了。识者说：萨默斯所以愿意离开白宫，如期回哈佛，这是因为现在研究成果积累已经很丰富了，美国政府不怎么需要在校学者的参与了，而且学校的竞争越来越厉害，相应的去参政的人也就少了。

克林顿任总统时，戈尔当过副总统，后来戈尔候选哈佛大学校长，最终落选。哈佛学术委员会主席卢卡斯·斯通早已公开有言：“我们会把他（即戈尔）列入候选人名单，我们也会认真考虑是否任命他为校长。但是我十分怀疑他能否得到这项任命，他在学术界和知识界毫无影响力。”

《学林新语》主要引用书目

（按著作者姓名音序排序）

1. 阿德里安·泰尼斯伍德.英国皇家学会：现代科学的起点[M].王兢，译.北京：北京燕山出版社，2020.

2. 阿德里安·伍尔德里奇.管理大师[M].熊睦铭，等，译.北京：中信出版社，2013.

3. 爱德华·希尔斯.学术的秩序：当代大学论文集[M].李家永，译.北京：商务印书馆，2007.

4. 艾伦·布林克里.出版人：亨利·卢斯和他的美国世纪[M].朱向阳，等，译.北京：法律出版社，2011.

5. 艾伦·格林斯潘.动荡的世界[M].余江，译.北京：中信出版社，2014.

6. 安东尼·刘易斯.批评官员的尺度：《纽约时报》诉警察局长沙利文案[M].何帆，译.北京：北京大学出版社，2011.

7. 巴尼·罗塞特.巴尼·罗塞特：我的出版人生[M].张晓意，译.北京：东方出版社，2019.

8. 白化文.已落言诠[M].北京：中华书局，2015.

9. 白尚恕.中国数学史研究：白尚恕文集[M].北京：北京师范大学出版社，2008.

10. 鲍勃·卢茨.绩效致死：通用汽车的破产启示[M].张科，译.

北京：中信出版社，2013.

11. 北京大学信息管理系．王重民先生百年诞辰纪念文集[M]．北京：北京图书馆出版社，2003.

12. 北京师范大学中文系．纪念黄药眠[M]．北京：群言出版社，1992.

13. 本杰明·M. 康佩恩，道格拉斯·戈梅里．谁拥有媒体？——大众传媒业的竞争与集中[M]．詹正茂，等，译．北京：中国人民大学出版社，2006.

14. 比尔·科瓦奇，等．真相[M]．陆佳怡，等，译．北京：中国人民大学出版社，2014.

15. 彼得·阿克罗伊德．莎士比亚传[M]．覃学岚，等，译．北京：北京师范大学出版社，2014.

16. 彼得·卡佩利．沃顿商学院最受欢迎的人才管理课[M]．王素青，译．北京：中信出版社，2012.

17. 卞孝萱．冬青老人口述[M]．赵益，整理．南京：凤凰出版社，2019.

18. 伯希和．伯希和北京日记[M]．萧菁，译．桂林：广西师范大学出版社，2017.

19. 仓石武四郎．仓石武四郎中国留学记[M]．荣新江，朱玉麒，辑注．北京：中华书局，2002.

20. 曹聚仁．蒋百里评传[M]．北京：东方出版社，2010.

21. 曹旅宁．黄永年先生编年事辑[M]．北京：中华书局，2013.

22. 曹述敬．钱玄同年谱[M]．济南：齐鲁书社，1986.

23. 柴剑虹.柴剑虹敦煌学人和书丛谈[M].上海:上海古籍出版社,2013.
24. 柴剑虹.剑虹日记[M].青岛:青岛出版社,2019.
25. 柴念东.柴德赓来往书信集[M].北京:商务印书馆,2018.
26. 陈存恭,任育德,等.石璋如先生口述历史[M].北京:九州出版社,2013.
27. 陈存仁.银元时代生活史[M].桂林:广西师范大学出版社,2007.
28. 陈岱孙.往事偶记[M].北京:商务印书馆,2016.
29. 陈怀宇.在西方发现陈寅恪:中国近代人文学的东方学与西学背景[M].北京:北京师范大学出版社,2013.
30. 陈来.不息集:回忆张岱年先生[M].北京:北京大学出版社,2005.
31. 陈学然.再造中华:章太炎与“五四”一代[M].上海:上海人民出版社,2019.
32. 陈仪深,王景玲,等.南港学风:郭廷以和中研院近史所的故事[M].北京:九州出版社,2013.
33. 陈毓贤.洪业传[M].北京:中华书局,2013.
34. 陈之藩.剑河倒影[M].杭州:浙江人民出版社,2000.
35. 陈智超.陈垣来往书信集(增订本)[M].北京:生活·读书·新知三联书店,2010.
36. 陈致访.余英时访谈录[M].北京:中华书局,2012.
37. 程民德.中国现代数学家传[M].南京:江苏教育出版社,

1995.
38. 程千帆.桑榆忆往[M].上海:上海古籍出版社,2000.
39. 程千帆,等.量守庐学记:黄侃的生平和学术[M].北京:生活·读书·新知三联书店,2006.
40. 池上俊一.意大利面里的意大利史[M].马庆春,译.海口:南海出版公司,2018.
41. 池上俊一.法国甜点里的法国史[M].马庆春,译.海口:南海出版公司,2018.
42. 楚泽涵.往事微尘[M].北京:群言出版社,2019.
43. 川北稔.一粒砂糖里的世界史[M].赵可,译.海口:南海出版公司,2018.
44. 大冢信一.我和岩波书店:一个编辑的回忆1963—2003[M].杨晶,等,译.北京:生活·读书·新知三联书店,2014.
45. 戴维·福尔肯弗里克.头版:《纽约时报》内部解密与新闻业的未来[M].赵奕,译.北京:中国人民大学出版社,2017.
46. 戴维·洛克菲勒.洛克菲勒回忆录[M].曹彦博,译.北京:中信出版社,2011.
47. 丹尼尔·金.大学潜规则:谁能优先进入美国顶尖大学[M].张丽华,等,译.北京:商务印书馆,2013.
48. 德·斯·米尔斯基.俄国文学史[M].刘文飞,译.北京:人民出版社,2013.
49. 邓云乡.云乡话食[M].北京:中华书局,2015.
50. 蒂莫西·加顿艾什.事实即颠覆[M].于金权,译.桂林:广西师范大学出版社,2014.
51. 董鼎山.董鼎山口述历史[M].王海龙,撰写.南京:江苏凤凰文艺出版社,2016.
52. 董桥.这一代的事[M].北京:生活·读书·新知三联书店,1992.
53. 董桥.没有童谣的年代[M].北京:文化艺术出版社,2001.
54. 范烟桥.鸱夷室文钞[M].北京:海豚出版社,2013.
55. 费孝通.师承·补课·治学[M].北京:生活·读书·新知三联书店,2002.
56. 弗兰克·科斯蒂廖拉.凯南日记[M].曹明玉,译.北京:中信出版社,2016.
57. 高克勤.会心不远[M].南京:凤凰出版社,2020.
58. 高罗佩.秘戏图考——附论汉代至清代的中国性生活(公元前206年—公元1644年)[M].杨权,译.广州:广东人民出版社,1998.
59. 高勤丽.疑古玄同[M].上海:东方出版中心,1999.
60. 高阳.古今食事[M].郑州:河南文艺出版社,2020.
61. 高增德,等.世纪学人自述(1—6卷)[M].北京:北京十月文艺出版社,2000.
62. 龚书铎.励耘承学录:纪念陈垣先生诞辰120周年[M].北京:北京师范大学出版社,2000.
63. 辜振丰.欧洲摩登:美感与速度的现代记忆[M].北京:生活·读书·新知三联书店,2011.

64. 顾潮.顾颉刚年谱(增订本)[M].北京:中华书局,2011.
65. 顾颉刚.顾颉刚自传[M].北京:北京大学出版社,2012.
66. 顾廷龙.顾廷龙日记[M].李军,等,整理.北京:中华书局,2022.
67. 顾学颉.海峡两岸著名学者:师友录[M].北京:人民文学出版社,1997.
68. 顾准.顾准文集[M].贵阳:贵州人民出版社,1994.
69. 郭鑫.世界一流大学战略联盟[M].北京:北京师范大学出版社,2011.
70. 过常宝,等.聂石樵教授八十寿辰纪念文集[M].北京:中华书局,2006.
71. 何炳棣.读史阅世六十年[M].桂林:广西师范大学出版社,2005.
72. 何廉.何廉回忆录[M].朱佑慈,等,译.北京:中国文史出版社,2012.
73. 何勤华,等.法律文化三人谈[M].北京:北京大学出版社,2010.
74. 何荣昌,等.百年青峰[M].苏州:苏州大学出版社,2007.
75. 贺利思.伦敦的崛起:知识分子打造的城市[M].宋美莹,译.北京:电子工业出版社,2012.
76. 贺逸文,等.北平学人访问记[M].北京:商务印书馆,2020.
77. 亨利·埃兹科维茨.麻省理工学院与创业科学的兴起[M].王孙禺,等,译.北京:清华大学出版社,2008.

78. 亨利·詹姆斯.他缔造了哈佛:查尔斯·W.艾略特传[M].朱建迅,等,译.桂林:广西师范大学出版社,2017.
79. 胡国台,郭玮玮.刘真先生口述历史[M].北京:九州出版社,2013.
80. 胡适.丁文江的传记[M].合肥:安徽教育出版社,1999.
81. 胡适.胡适口述自传[M].唐德刚,译.合肥:安徽教育出版社,2005.
82. 胡颂平.胡适之先生晚年谈话录[M].北京:中信出版社,2014.
83. 黄裳.河里子集[M].天津:百花文艺出版社,1994.
84. 黄裳.珠还记幸[M].北京:生活·读书·新知三联书店,1985.
85. 黄苗子.世说新篇[M].北京:生活·读书·新知三联书店,2006.
86. 黄现璠.黄现璠自述[M].甘文杰,等,记录整理.桂林:广西师范大学出版社,2018.
87. 黄永年.黄永年文史五讲[M].曹旅宁,记.北京:中华书局,2011.
88. 黄永年.黄永年谈艺录[M].北京:中华书局,2014.
89. 黄永玉.比我老的老头[M].北京:作家出版社,2007.
90. 吉川幸次郎.我的留学记[M].钱婉约,译.北京:光明日报出版社,1999.
91. 季羡林.假话全不说,真话不全说:季羡林口述史[M].蔡德贵,整理.杭州:红旗出版社,2019.

92. 金克木.末班车[M].北京:中央编译出版社,1996.
93. 金鑫.民国大学中文学科讲义研究[M].北京:北京大学出版社,2016.
94. 金岳霖.金岳霖回忆录[M].刘培育,整理.北京:北京大学出版社,2011.
95. 姜亮夫.姜亮夫文录[M].昆明:云南人民出版社,1999.
96. 蒋梦麟.西潮·新潮[M].长沙:岳麓书社,2000.
97. 蒋廷黻.蒋廷黻回忆录[M].谢钟琏,译.长沙:岳麓书社,2003.
98. 九州大学中国文学会.目加田诚北平日记[M].南京:凤凰出版社,2022.
99. 卡尔·梅耶,等.谁在收藏中国:美国猎获亚洲艺术珍宝百年记[M].张建新,等,译.北京:中信出版社,2016.
100. 凯特·福克斯.英国人的言行潜规则[M].姚芸竹,译.北京:生活·读书·新知三联书店,2010.
101. 柯瑞思.剑桥:大学与小镇800年[M].陶然,译.北京:生活·读书·新知三联书店,2013.
102. 肯尼斯·霍博,等.清教徒的礼物:那个让我们在金融废墟重拾梦想的馈赠[M].丁丹,译.北京:东方出版社,2013.
103. 鲲西.清华园感旧录[M].上海:上海古籍出版社,2002.
104. 李春青.手握青苹果:童庆炳教授七十华诞学术纪念集[M].桂林:广西师范大学出版社,2005.
105. 李光谟.从清华园到史语所:李济治学生涯琐记(修订本)

[M].北京:商务印书馆,2016.
106. 李埏,李伯重.良史与良师:学生眼中的十位著名史家(增订版)[M].北京:北京大学出版社,2022.
107. 李栓科.科学传媒的做点:中国国家地理之路[M].北京:北京联合出版公司,2020.
108. 砺波护.宫崎市定人物论[M].林千早,译.杭州:浙江人民出版社,2018.
109. 郦千明.沈兼士年谱[M].成都:四川辞书出版社,2022.
110. 梁实秋.梁实秋怀人丛录[M].北京:中国广播电视出版社,1991.
111. 梁颖.吴湖帆文稿[M].杭州:中国美术学院出版社,2011.
112. 林磊.严耕望先生编年事辑[M].北京:中华书局,2015.
113. 林以亮.文思录[M].沈阳:辽宁教育出版社,2001.
114. 林行止.一脉相承[M].北京:社会科学文献出版社,2002.
115. 林行止.经济门楣[M].北京:社会科学文献出版社,2002.
116. 林行止.英伦采风[M].北京:文汇出版社,2002.
117. 林行止.我读我在[M].北京:文汇出版社,2003.
118. 林行止.闲笔生花[M].北京:文汇出版社,2003.
119. 林语堂,等.梦想的中国[M].北京:西苑出版社,1998.
120. 刘波.赵万里先生年谱长编[M].北京:中华书局,2018.
121. 刘家和,王宁,等.绿叶·红烛·春风:刘乃和先生百年诞辰纪念文集[M].桂林:广西师范大学出版社,2018.
122. 刘家和.丽泽忆往:刘家和口述史[M].全根先,等,访问整理.北京:商务印书馆,2021.

123. 刘乃和,等.陈垣年谱配图长编[M].沈阳:辽海出版社,2000.

124. 刘石.有高楼杂稿[M].北京:商务印书馆,2003.

125. 刘禺生.世载堂杂忆续篇[M].北京:海豚出版社,2013.

126. 柳存仁.外国的月亮[M].上海:上海古籍出版社,2002.

127. 柳曾符,等.劬堂学记[M].上海:上海书店出版社,2002.

128. 鲁伯特·克里斯琴.光之城:巴黎重建与现代大都会的诞生[M].黄华青,译.北京:北京燕山出版社,2020.

129. 陆灏.东写西读[M].上海:上海书店出版社,2006.

130. 陆昕.静谧的河流:启功[M].济南:山东画报出版社,1997.

131. 逯耀东.肚大能容:中国饮食文化散记[M].北京:生活·读书·新知三联书店,2002.

132. 逯耀东.寒夜客来:中国饮食文化散记之二[M].北京:生活·读书·新知三联书店,2005.

133. 罗尔纲.师门五年记·胡适琐记(增补本)[M].北京:生活·读书·新知三联书店,1998.

134. 罗斯·格雷戈里·多塞特.特权:哈佛与统治阶层的教育[M].珍栎,译.北京:生活·读书·新知三联书店,2014.

135. 罗斯玛丽·列文森.赵元任传[M].焦立为,译.石家庄:河北教育出版社,2010.

136. 马丁·霍普金森.藏书票的故事[M].马幸,译.北京:北京时代华文书局,2014.

137. 马晓坤.清季淳儒:俞樾传[M].杭州:浙江人民出版社,2006.

138. 马悦然.另一种乡愁(增订版)[M].北京:新星出版社,2015.

139. 迈珂·苏立文.山川悠远:中国山水画艺术[M].洪再新,译.上海:上海书画出版社,2015.

140. 迈克尔·曾伯格.经济学大师的人生哲学[M].侯玲,等,译.北京:商务印书馆,2001.

141. 内藤湖南,等.两个日本汉学家的中国纪行[M].王青,译.北京:光明日报出版社,1999.

142. 内藤湖南.禹域鸿爪[M].李振声,译.杭州:浙江文艺出版社,2018.

143. 尼古拉斯·A.巴斯贝恩.文雅的疯狂[M].陈焱,译.上海:上海人民出版社,2014.

144. 皮乌·玛丽·伊特维尔.巴黎浪漫吗?——关于法国的传闻与真相[M].李阳,译.北京:生活·读书·新知三联书店,2017.

145. 浦汉明.浦江清文史杂文集[M].北京:清华大学出版社,1993.

146. 启功,等.励耘书屋问学记[M].北京:生活·读书·新知三联书店,1982.

147. 启功.启功口述历史[M].赵仁珪,等,整理.北京:北京师范大学出版社,2004.

148. 启功.启功日记[M].北京:中华书局,2012.
149. 前坂俊之.太平洋战争与日本新闻[M].晏英,译.北京:新星出版社,2015.
150. 钱满素.自由的阶梯:美国文明札记[M].北京:东方出版社,2014.
151. 钱穆.八十忆双亲·师友杂忆[M].北京:生活·读书·新知三联书店,1998.
152. 邱庞同.饮食杂俎:中国饮食烹饪研究[M].济南:山东画报出版社,2008.
153. 邱瑞中.刘乃和百年诞辰纪念专辑:1918—2018[M].桂林:广西师范大学出版社,2018.
154. 让-马克·阿尔贝.权力的餐桌:从古希腊宴会到爱丽舍宫[M].刘可有,等,译.北京:生活·读书·新知三联书店,2012.
155. 容庚.容庚北平日记[M].夏和顺,整理.北京:中华书局,2019.
156. 若昂·德让.时尚的精髓:法国路易十四时代的优雅品位及奢侈生活[M].杨冀,译.北京:生活·读书·新知三联书店,2012.
157. 色诺芬.回忆苏格拉底[M].吴永泉,译.北京:商务印书馆,2010.
158. 山曼.驿路万里:钟敬文[M].济南:山东画报出版社,1994.
159. 施康强.都市的茶客[M].沈阳:辽宁教育出版社,1995.
160. 舒衡哲.张申府访谈录[M].李绍明,译.北京:北京图书馆出版社,2001.
161. 司徒雷登.在华五十年[M].常江,译.海口:海南出版社,2010.
162. 宋云彬.红尘冷眼[M].太原:山西人民出版社,2002.
163. 苏恺之.我的父亲苏秉琦:一个考古学家和他的时代[M].北京:生活·读书·新知三联书店,2015.
164. 台静农.龙坡杂文(增补本)[M].北京:生活·读书·新知三联书店,2002.
165. 唐德刚.胡适杂忆[M].桂林:广西师范大学出版社,2005.
166. 唐振常.川上集[M].北京:生活·读书·新知三联书店,1996.
167. 唐振常.饔飧集[M].沈阳:辽宁教育出版社,1995.
168. 陶菊隐.蒋百里传[M].北京:中华书局,1985.
169. 陶英惠.中研院六院长[M].北京:文汇出版社,2009.
170. 童庆炳.旧梦与远山[M].北京:北京大学出版社,2015.
171. 童庆炳.朴:童庆炳口述自传[M].罗容海,整理.桂林:广西师范大学出版社,2022.
172. 童元方.水流花静[M].杭州:浙江人民出版社,2000.
173. 托德·布赫霍尔茨.经济学大师们[M].黄延峰,译.北京:中信出版社,2012.
174. 托马斯·杰斐逊.杰斐逊选集[M].朱曾汶,译.北京:商务印书馆,2011.
175. 托马斯·麦克劳.创新的先知:约瑟夫·熊彼特传[M].陈叶盛,等,译.北京:中信出版社,2010.

176. 西川惠.菜单中的秘密:爱丽舍宫的飨宴[M].尤可欣,译.北京:生活·读书·新知三联书店,2014.
177. 萧公权.问学谏往录[M].合肥:黄山书社,2008.
178. 熊式一.八十回忆[M].北京:海豚出版社,2010.
179. 熊式一.天桥[M].北京:外语教学与研究出版社,2012.
180. 徐俊.翠微却顾集:中华书局与现代学术文化[M].北京:中华书局,2021.
181. 徐小虎.画语录:听王季迁谈中国书画的笔墨[M].王美祈,译.桂林:广西师范大学出版社,2014.
182. 徐一士.亦佳庐小品[M].北京:北京出版社,1998.
183. 许倬云.许倬云谈话录[M].李怀宇,撰写.桂林:广西师范大学出版社,2010.
184. 汪东林.梁漱溟问答录[M].武汉:湖北人民出版社,2004.
185. 汪荣祖.陈寅恪评传[M].南昌:百花洲文艺出版社,1992.
186. 汪子嵩.往事旧友,欲说还休[M].张建安,采写.北京:生活·读书·新知三联书店,2015.
187. 王炳照.王炳照口述史[M].周慧梅,整理.北京:北京师范大学出版社,2010.
188. 王东杰.声入心通:国语运动与现代中国[M].北京:北京师范大学出版社,2019.
189. 王汎森.傅斯年:中国近代历史与政治中的个体生命[M].王晓冰,译.北京:生活·读书·新知三联书店,2018.
190. 王富仁,等.谔谔之士[M].上海:东方出版中心,1999.

191. 王健壮.凯撒不爱我[M].桂林:广西师范大学出版社,2014.
192. 王培元.在朝内166号与前辈灵魂相遇[M].北京:人民文学出版社,2007.
193. 王世襄.忆往说趣[M].北京:生活·读书·新知三联书店,2010.
194. 王叔岷.慕庐忆往:王叔岷回忆录[M].北京:中华书局,2007.
195. 王水照.钱锺书的学术人生[M].北京:中华书局,2020.
196. 王为松.傅斯年印象[M].北京:学林出版社,1997.
197. 王义强.王季迁书画过眼录[M].上海:上海书画出版社,2021.
198. 王英杰,等.世界一流大学的形成与发展[M].太原:山西教育出版社,2008.
199. 王志耕,等.却话程门立雪时:程正民教授80华诞贺集[M].北京:中国社会科学出版社,2017.
200. 王钟翰.王钟翰学述[M].诸同学,整理.杭州:浙江人民出版社,1999.
201. 王佐良.英国散文的流变[M].北京:商务印书馆,1998.
202. 王佐良.并非舞文弄墨:英国散文名篇新选[M].北京:生活·读书·新知三联书店,2015.
203. 温源宁.一知半解及其他[M].沈阳:辽宁教育出版社,2001.

204. 文洁若.风雨忆故人[M].上海:上海三联书店,2011.
205. 《文史知识》编辑部.远去的先生[M].北京:中华书局,2013.
206. 《我是未来》节目组.遇见未来:21种正在改变世界的神奇科技[M].南京:江苏凤凰文艺出版社,2018.
207. 沃尔特·艾萨克斯.史蒂夫·乔布斯传[M].管延圻,等,译.北京:中信出版社,2011.
208. 沃尔特·李普曼.公众舆论[M].阎克文,等,译.上海:上海人民出版社,2011.
209. 沃尔特·李普曼.幻影公众[M].林牧茵,译.上海:复旦大学出版社,2013.
210. 沃伦·菲利普斯.新闻风云:我与《华尔街日报》[M].杨雨,译.北京:中信出版社,2014.
211. 吴慧平.西方大学的共同治理[M].北京:北京师范大学出版社,2012.
212. 吴雷川.吴雷川日记[M].李广超,整理.北京:商务印书馆,2020.
213. 吴相湘.三生有幸[M].北京:中华书局,2007.
214. 吴相湘.民国人物列传[M].北京:中国大百科全书出版社,2009.
215. 吴兴文.书痴闲话[M].昆明:云南人民出版社,2002.
216. 夏元瑜.老盖仙讲文史[M].桂林:广西师范大学出版社,2008.

217. 谢辰生.谢辰生口述:新中国文物事业重大决策纪事[M].姚远,撰写.北京:生活·读书·新知三联书店,2018.
218. 谢国桢.瓜蒂庵文集[M].沈阳:辽宁教育出版社,1996.
219. 雪克.湖山感旧录[M].北京:中华书局,2021.
220. 严耕望.怎样学历史:严耕望的治史三书[M].沈阳:辽宁教育出版社,2006.
221. 颜惠庆.颜惠庆自传[M].姚崧龄,译.北京:中华书局,2015.
222. 杨步伟.杂记赵家[M].沈阳:辽宁教育出版社,1998.
223. 杨绛,等.我们的钱瑗[M].北京:生活·读书·新知三联书店,2005.
224. 杨联陞.哈佛遗墨:杨联陞诗文简[M].北京:商务印书馆,2004.
225. 杨亮功.早期三十年的教学生活·五四[M].合肥:黄山书社,2008.
226. 杨齐福.时代巨变:中国近代社会之世相[M].杭州:浙江工商大学出版社,2021.
227. 杨树达.积微翁回忆录[M].北京:北京大学出版社,2007.
228. 杨树达.杨树达日记(一九四八——一九五四)[M].杨柳岸,整理.北京:中华书局,2021.
229. 杨天石.钱玄同日记(整理本)[M].北京:北京大学出版社,2014.
230. 杨自强.学贯中西:李善兰传[M].杭州:浙江人民出版社,

2006.
231. 叶嘉莹.红蕖留梦:叶嘉莹谈诗忆往[M].张候萍,撰写.北京:生活·读书·新知三联书店,2015.
232. 叶曙.闲话台大四十年[M].合肥:黄山书社,2008.
233. 余英时.现代学人与学术[M].桂林:广西师范大学出版社,2006.
234. 约翰·本杰明·鲍惠尔.在中国二十年:上海《密勒氏评论报》主持人鲍惠尔回忆录[M].尹雪曼,等,译.合肥:黄山书社,2008.
235. 约翰·保罗·斯蒂文斯.五位首席大法官:最高法院杂忆[M].何帆,译.上海:上海三联书店,2014.
236. 曾庆瑛.陈垣和家人(修订版)[M].北京:北京师范大学出版社,2020.
237. 张纯如.蚕丝:钱学森传[M].鲁伊,译.北京:中信出版社,2018.
238. 张岱年.张岱年学述[M].林大雄,整理.杭州:浙江人民出版社,1999.
239. 张帆.德国高等学校的兴衰与等级形成[M].北京:北京师范大学出版社,2012.
240. 张冠生.田野里的大师[M].北京:海豚出版社,2013.
241. 张晖.量守庐学记续编:黄侃的生平和学术[M].北京:生活·读书·新知三联书店,2006.
242. 张世林.学林春秋初编[M].北京:朝华出版社,1999.

243. 张伟然.学问的敬意与温情[M].北京:北京师范大学出版社,2018.
244. 张五常.凭阑集[M].北京:社会科学文献出版社,2001.
245. 张五常.学术上的老人与海[M].北京:社会科学文献出版社,2001.
246. 张五常.随意集[M].北京:社会科学文献出版社,2001.
247. 张五常.多难登临录——金融危机与中国前景[M].北京:中信出版社,2009.
248. 张五常.五常学经济(神州增订版)[M].北京:中信出版社,2010.
249. 张五常.新卖桔者言[M].北京:中信出版社,2010.
250. 张友余,等.中国数学会史料[M].南京:江苏教育出版社,1995.
251. 张钰.胡子的灾难历程:张友鸾随笔选[M].北京:北京十月文艺出版社,2005.
252. 张尊超,等.哲人的脚印:画说张岱年[M].北京:中华书局,2021.
253. 赵珩.逝者如斯:六十年知见学人侧记[M].北京:中华书局,2017.
254. 赵建永.汤用彤先生编年事辑[M].北京:中华书局,2019.
255. 赵林涛.顾随与现代学人[M].北京:中华书局,2012.
256. 赵林涛.顾随和他的弟子[M].北京:中华书局,2017.
257. 郑绍昌,等.国学巨匠:张宗祥传[M].杭州:浙江人民出版社,2007.

258. 郑逸梅.世说人语[M].北京:北方文艺出版社,2016.

259. 郑振铎.郑振铎日记全编[M].陈福康,整理.太原:山西古籍出版社,2006.

260. 中华书局编辑部.回忆中华书局[M].北京:中华书局,2001.

261. 周简段.老滋味[M].北京:新星出版社,2008.

262. 周汝昌.师友襟期[M].周伦玲,整理.北京:北京出版社,2019.

263. 周劭.黄昏小品[M].上海:上海古籍出版社,1995.

264. 周绍良.馂余杂记[M].北京:北京燕山出版社,2004.

265. 周文玖.史家、史著与史学:中国史学史探研[M].北京:社会科学文献出版社,2019.

266. 周一良.天地一书生[M].北京:北京大学出版社,2010.

267. 周子美.周子美学述[M].徐德明,整理.杭州:浙江人民出版社,1999.

268. 周作人.知堂回想录[M].石家庄:河北教育出版社,2002.

269. 朱尔斯·戈尔达,等.常识的正面与反面:伦敦商学院至关重要的管理课[M].蒋宗强,译.北京:中国商业出版社,2013.

270. 朱家溍.故宫藏美[M].北京:中华书局,2019.

271. 朱家溍.北京闻见录[M].北京:北京出版社,2020.

272. 朱金顺.新文学资料丛话[M].石家庄:河北教育出版社,2006.

273. 朱偰.天风海涛楼札记[M].北京:中华书局,2009.

274. 朱玉麒.云鹿居漫笔[M].南京:凤凰出版社,2020.

后　记

2016年4月，上海科学技术文献出版社印制了我的小书《学林旧闻》。在这册书的后记里，我写道：

> 十多年前，一个春天，闲中翻看《世说新语》，是余嘉锡老先生笺疏的本子，上海古籍出的。忽然心有所动，近世以来学林人物嘉言懿行，不也可以编撰成集吗?
>
> 这一个最初的想法，逐渐明晰起来，它的意义，或许可以作这样的表述：近世学林人物嘉言懿行，或趣味盎然，或可见世故人情，或稍具史识，或有意义存焉，固隽永可喜。爰仿传统的笔记体，辑录整理，总名“学林漫录”，或许可添诸君宴饮清谈之兴会，抑或稍可温故以知新，见微而知著。

《学林旧闻》选收了我1997年春天至2014年秋天编撰的总名“学林漫录”的掌故。从那时到现在又是八九年过去了，编撰的掌故又积累了近二十万字。这册《学林新语》选收的掌故主要是2014年秋天后编撰的，也少量选了一点儿2014年秋天之前编撰而没有成书出版的。

编撰学林掌故，起始于1997年春天。第一篇札记取名“学林漫录”，发表在1998年3月8日的《钱江晚报》“晚潮”

版上。开了这个头，后来这类文字便都冠名“学林漫录”。第二篇是发表在1998年3月10日的《联谊报》上。1997年到2001年，“学林漫录”主要发表的园地是《联谊报》“浙江潮”版，也有部分刊登在《博览群书》《鸭嘴兽》等杂志上。2001年至2009年4月，我的工作比较紧张，也就没有太多的时间来编撰这样的札记了。这事就告一段落了。

从2001年到2009年，将近十年过去。2009年4月，我到浙江教育报刊总社总编办工作，不太紧张了，渐渐地又恢复了再编撰这类笔记的兴会。2010年夏天，曹增节先生看了这些发表出来的掌故札记，说：“同一本书，选择什么样的内容出来……是有极强的‘议程设置’，或者‘背景理论’的。”曹先生还说这些掌故笔记“有文献再造的功能……生成新意义的文本”。赵健雄先生一次闲谈中对我说，这个中国近世的“学林漫录”之外，还能再做两个方面的内容，一是介绍外国，一是总结古人，“都用这种浅显易懂而内蕴深厚的方式来铺陈，则功德无量焉”。接受了健雄兄的意见，2010年以后，我编撰这些掌故，也开始留意东西洋的了（至于古代的，则拖延到了2019年才开始动笔，文体作了变化，陆陆续续也仅写了《贯云石：夜月生香雪满身》《段玉裁写书》《钱大昕：“太平时节自由身”》《袁枚：随园雅食》等不多的几篇人物随笔）。

也是在这个时候，大约2011年，《光明日报》新创“雅趣”版，责任编辑殷燕召先生给开了专栏“学林新语”。燕召先生说社内外反馈的意见是“简短、精致、趣味之中包含人文精神”，这尤其给我添了继续编撰的兴趣。几年后，“雅趣”版改由文艺橙女史责编，后来又很快转由郭超先生责编，“学林新语”专栏依然延续，一直到了现在还能够不时地在版面上出现。卒赖浙江教育出版社和责任编辑彭宁女史的专业工作，《学林新语》得以编集成书面世。

我得向上述报纸、杂志、出版社及其编辑，向曹增节、赵健雄诸兄，表达我的由衷的谢忱。深情厚谊，衷心铭感。

末了，得感谢林玮君赐大序。林君为浙江大学青年俊彦，教学科研繁重，能够拨冗赐序，给书增辉，我引以为荣。

周维强

2022年6月6日初稿，9月14日修改，11月19日定稿，

杭州西溪寓所